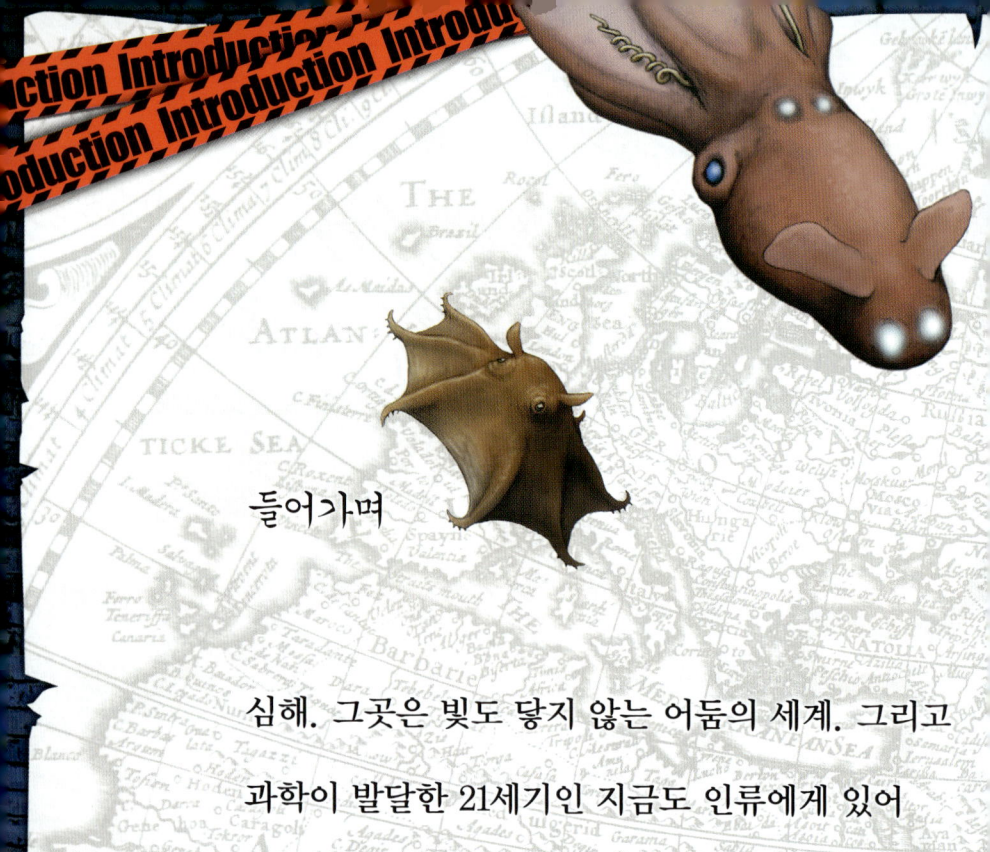

들어가며

심해. 그곳은 빛도 닿지 않는 어둠의 세계. 그리고 과학이 발달한 21세기인 지금도 인류에게 있어 수수께끼투성이인 장소죠.

그런 심해에 살고 있는 생물은 지상의 생물로서는 상상할 수도 없는 불쾌한 모습을 지닌 종이 많아요.

이 책은 보고 깜짝, 알고 화들짝 놀라는 심해 생물을 소개하는 책이랍니다.

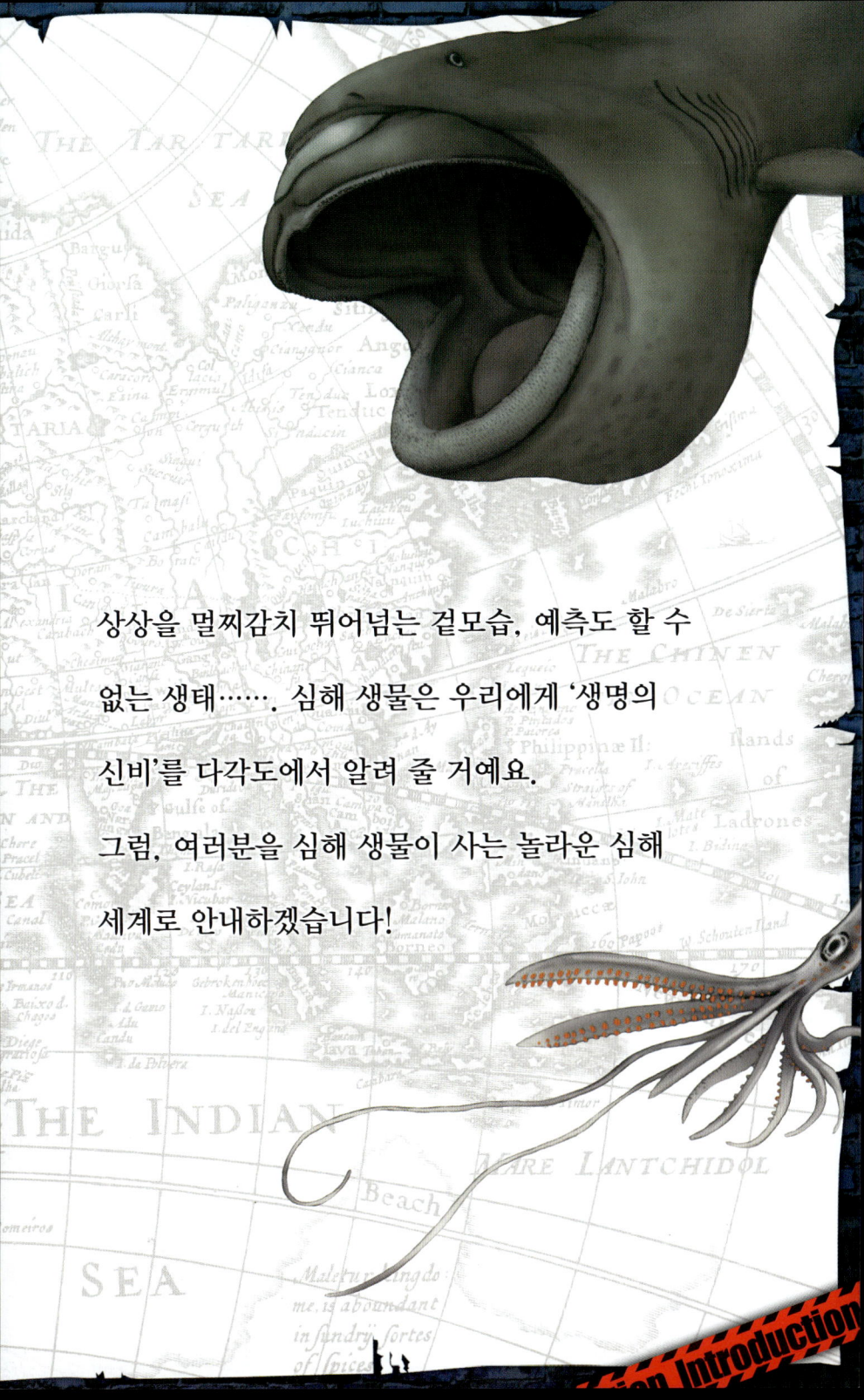

상상을 멀찌감치 뛰어넘는 겉모습, 예측도 할 수 없는 생태……. 심해 생물은 우리에게 '생명의 신비'를 다각도에서 알려 줄 거예요.

그럼, 여러분을 심해 생물이 사는 놀라운 심해 세계로 안내하겠습니다!

차례

Contents

- 2 들어가며
- 8 '심해'란 무엇인가요?
- 10 심해에는 '이상한' 생물이 많다?

제 1 장 | 중심층 (200~1,000m)

- 14 **데메니기스** 두 개의 눈을 지키는 투명한 머리
- 16 **쇼트 실버해체트** 적에게 발견되지 않는 늘씬한 몸
- 18 **넓은주둥이상어** 주식은 플랑크톤
- 20 **녹점술아귀** 가만히 움직이지 않는 저격수
- 22 **꼭갈치** 서투르지만 열심히
- 24 **키다리게** 세계에서 가장 큰 게
- 26 **클리오네** 사랑스러운 '유빙의 천사'
- 28 **퍼플 해그피시** 위험에 빠지면 '점액'을 발사
- 30 **퉁소상어** 코끼리 같은 코를 지닌 상어
- 32 **리라빗해파리** 하트를 닮은 모습
- 34 **분홍꼼치** 심해를 유영하는 여승
- 36 **긴팔오징어** 몸에 발광 기관이 잔뜩
- 38 **실러캔스** 실은 멸종되지 않았다
- 40 **앵무조개** 두족류의 '살아 있는 화석'
- 42 **남극빙어** 투명한 피를 지닌 물고기
- 44 **스플랜디드 랜턴상어** 고래가 아니라 상어
- 46 **메탄얼음벌레** 어째서 그런 곳에……?
- 48 **불뚝복** 정면에서는 보지 마
- 50 **재패니스 러프샤크** 무를 갈았나?

52	붉은종이초롱해파리	네? 아무것도 안 먹는데요?
54	삼천발이	수십 번은 나뉜 팔
56	대왕오징어	심해의 거대 오징어
58	구마사카가이	남국의 공예품 같다
60	밤송이게	무수한 가시로 몸을 보호한다
62	대왕산갈치	인어의 모델이라고?
64	블랙스왈로우어	배부르게 먹고 싶어
66	시기우나기	끈처럼 가늘다
68	큰입멍게	모두 저쪽을 보고 아~
70	망원경문어	해파리처럼 투명한 몸을 지닌 문어
72	벤텐어	17년 만에 잡힌 희귀 심해어
74	프라야 두비아	기~~~~~~~~~다란 해파리
76	케라티아스 홀보엘리	목숨을 건 프러포즈
78	긴촉수매퉁이	물고기지만 수영이 서툴러
80	오세닥스 자포니쿠스	뼈에 피는 심해의 꽃
82	가쿠가쿠교	별 사탕 같다
84	큰살파벌레	무서운 엄마
86	그린란드상어	400살까지 사는 상어
88	COLUMN	심해 생물은 먹을 수 있나요?

제 2 장 상부 점심층 (1,001~1,500m)

92	주름상어	지금도 살아 있는 고대 상어
94	퍼시픽 블랙드래곤	이렇게 멋있어졌어요
96	기간토키프리스	기네스 기록을 지닌 심해 생물
98	마귀상어	전기를 감지하는 '고블린 상어'

- 100 **아톨라해파리** 심해에 UFO 출현
- 102 **미스지오쿠메우오** 눈이 없어도 곤란하지 않아
- 104 **우무문어** 심해의 문어 아이돌
- 106 **가우시아 프린셉스** 시한폭탄의 사용법
- 108 **돛란도어** 호불호 없어요
- 110 **그림포테우티스** 귀여운 귀가 매력 포인트
- 112 **악마요괴아귀** 악마와 요괴가 한 몸에
- 114 **초롱아귀** 이거야말로 심해어
- 116 **바케다라** 그 몸은 뭐야?

제 3 장 | 하부 점심층 (1,501~3,000m)

- 120 **카이트핀 샤크** 서양인 같은 녹색 눈동자
- 122 **독사고기** 긴 이빨을 지닌 심해의 갱
- 124 **해로동굴해면** 내 몸은 사랑의 거처
- 126 **예티크랩** 전설의 설인 같은 털
- 128 **흡혈오징어** 이것은 오징어인가, 문어인가
- 130 **비늘발고둥** 인간 치아의 두 배나 단단한 비늘
- 132 **민부리고래** 포유류계의 잠수 챔피언
- 134 **울트라분부쿠** 울트라급 염통성게
- 136 **부채지느러미아귀** 얼굴은 무섭지만 의외로 민감
- 138 **고에몬새우붙이** 이름의 유래는 천하의 대도둑
- 140 **큰심해모래무지벌레** 심해에 사는 공벌레
- 142 **주름불가사리** 별표가 아닌 불가사리
- 144 **남극하트지느러미오징어** 진짜 '대왕'은 어느 쪽?
- 146 **갈라파고스민고삐수염벌레** 아무것도 먹지 않아도 멀쩡

- 148 **블로브피시** 그렇게까지 말 안 해도
- 150 **동해화살벌레** 자웅동체 동물 플랑크톤
- 152 **향유고래** 세계에서 가장 큰 이빨을 지닌 동물
- 154 **파리지옥바다말미잘** 심해의 끈끈이귀개
- 156 **COLUMN** 인류의 심해 도전

제 4 장 | 심해층·초심해층 (3,001m~)

- 160 **쥐덫고기** 자신에게만 보이는 빛
- 162 **에니프니아스테스 엑시미아** 해삼이지만 수영이 특기
- 164 **그리드아이 피시** 보는 것보다 느끼는 것을 택한 물고기
- 166 **하프 스펀지** 이상한 모양의 육식 스펀지
- 168 **귀신고기** 의외의 반전 모습이
- 170 **소코보우즈** 심해의 커~다란 생물
- 172 **스코토플레인** 심해의 인기 최강
- 174 **히론델리아 기가스** 세계에서 가장 깊은 바다에 산다
- 176 **스티기오메두사** 네 개의 팔을 지닌 해파리
- 178 **바늘방석아귀** 치열이 안 좋은 아귀
- 180 **대짜관바다거미** 심해에도 '거미'가 있다
- 182 **유령나무수염아귀** 몸이 비치는 나무수염아귀
- 184 **프세우돌리파리스** 심해 7,703m에서 사는 물고기
- 186 **리노프리네 인디카** 인도양에 서식하는 초롱아귀
- 188 **망원경물고기** 앞으로 돌출된 커다란 눈
- 190 **펠리칸장어** 턱의 길이는 머리의 열 배

'심해'란

사실 바다의 대부분은 심해다!

'물이 샘솟는 별'이라고도 불리는 지구는 약 70%가 바다로 덮여 있어요. 바다의 물은 지구 상에 있는 모든 물 중 약 97.5%에 달해요.
그리고 '심해'는 바닷속 200m 이상에 해당하는 부분을 가리키죠. 수심 200m까지를 '표층', 그 이상을 '심해'라고 불러요. 심해라고 하면, 바다 깊고 깊고 깊고 깊은 곳의 매우 좁은 부분이라는 이미지를 갖고 있는 사람도 많을 거예요. 하지만 지구 전체의 평균 바다 깊이는 약 3,700m예요. 즉, 바다의 대부분이 심해인 것입니다.
심해는 또 '중심층'(수심200m~1,000m), '점심층'(1,001m~3,000m), '심해층'(3,001m~6,000m), '초심해층'(6,001m~)으로 세분화할 수 있어요.

무엇인가요?

그중에서도 '초심해층'은 바다 전체의 약 2% 정도로, 심해 중에서도 특수한 환경이에요. 참고로 세계에서 가장 깊은 바다는 마리아나 해구의 '챌린저 해연'이에요. 챌린저 해연의 수심은 10,920m에 달하며, 이는 후지산이 세 개나 가라앉을 정도의 깊이예요.

심해와 표층의 가장 큰 차이점은 태양 빛이 도달하는지의 여부예요. 200m라는 선을 그으면 그 선에 태양 빛이 아슬아슬하게 닿는다는 의미예요. 태양 빛이 도달하지 않는다는 것은 광합성을 할 수 없다는 뜻이죠. 그 때문에 심해에는 해조류나 식물 플랑크톤이 존재할 수 없고, 표층과는 완전히 다른 생태계가 이루어진답니다.

심해에는 '이상한

심해는 어둑하고, 물은 차갑고, 수압은 높은 가혹한 세계

빛이 닿지 않는 심해는 매우 가혹한 세계예요. 주변은 어둑하고 물은 차갑죠. 수압도 표층과 비교할 수 없을 정도로 높아요. 그럼, 심해 생물들은 어째서 굳이 이런 장소에서 살고 있는 걸까요?

그 이유 중 하나는 적이 적기 때문이에요. 어두워서 발견되기 어려운 것도 있지만, 심해에는 애당초 생물이 적어요. 높은 수압, 어둠, 낮은 수온. 이런 환경에서 살 수 있는 생물은 한정돼 있어요.

하지만 심해는 적이 적은 만큼 먹이를 찾기도 어려워요. 그래서 많은 심해 생물들은 인간이 보기에 '이상한' 모습으로 진화했죠. 어떤 것들은 빛을 찾기 위해 눈이 크게 발달했고, 또 어떤 것들은 입이 닫히지 않을 정도로 이빨이 길게 진화했어요.

생물이 많다?

빛나는 낚싯대로 먹이를 끌어들이는 것도 있고, 턱이 머리보다 열 배 이상 큰 것도 있어요. 모두 먹이가 적은 심해에서 살아남기 위한 전략이에요. 또 암컷과 수컷이 별로 만날 일 없는 심해에는, 지상에서는 상상하기도 어려운 방법으로 번식하는 생물도 있어요.
심해 생물은 오늘도 필사적으로 먹고 도망치고 자손을 남기고 있어요. 어째서 얼굴이 무서운지 그 이유를 알면, 분명 여러분도 그들의 섬뜩함이 사랑스럽게 느껴질 거예요.

제 1 장
중심층

200M - 1,000M

일반적으로 수심 200m 이상의 깊은 바다 부분을 '심해'라고 해요. 심해는 그 깊이에 따라 이름이 붙여져 있고, 깊이 200m~1,000m는 '중심층'이라고 불리죠. 심해의 입구, 중심층에는 어떤 생물이 살고 있을까요?

두 개의 눈을 지키는 투명한 머리

데메니기스

서식 깊이
0 500 1000 1500 2000 2500 3000 (m)

희귀도 ★★★☆☆

위를 지나는 생물도 놓치지 않는다

200m~1000m
1001m~1500m
1501m~3000m
3001m~

초
특대
대
중
소

생물 데이터

이름	데메니기스	종족	샛멸목 통안어과
서식 깊이	400~800m	서식지	태평양 등
몸길이	약 15cm	좋아하는 것	해파리, 새우 등

데메니기스는 투명한 머리를 지닌 심해어예요. 그럼, 머리가 투명하면 어떤 점에서 도움이 되는 걸까요? 실은 이 투명한 머릿속에는 데메니기스의 눈이 있어요. 입 위에 있는 움푹 들어간 부분이 코이고, 머리 안에 있는 두 개의 녹색 둥근 모양이 그들의 진짜 눈이죠. 데메니기스는 이 눈 덕분에 전방은 물론 위도 볼 수 있어요. 또 그들이 사는 주변은 태양 빛이 적게 들기 때문에 이 눈으로 위를 헤엄치는 생물의 그림자를 볼 수 있어요.

하지만 투명한 머리는 매우 다치기 쉬워서 그물에 걸려 건지면 없어져 버리죠. 그 때문에 처음 헤엄치는 모습이 촬영되기 전까지는 머리가 움푹 들어간 물고기로 여겨졌었어요.

◀ COLUMN ▶ 짤막 지식
배가 빛나는 배럴아이

통안어과에 속하는 배럴아이는 투명한 머리가 없는 대신, 배를 빛나게 할 수 있어요. 장 속에 발광하는 세균을 기르고 있어서예요.

QUIZ

Q. 데메니기스의 투명한 머리에는 무엇이 들어 있을까요?
① 공기 ② 액체
③ 보존 식품

정답은 다음 페이지에

쇼트 실버해체트

적에게 발견되지 않는 늘씬한 몸

서식 깊이: 0 ~ 3000 (m)

희귀도 ★★★☆☆

서식량: 대/중/소

200m~1000m
1001m~1500m
1501m~3000m
3001m~

마치 닌자처럼 바닷속을 떠돈다

정답 ②액체 : 머릿속에 투명한 액체가 있어, 눈을 보호하는 역할을 하는 것으로 여겨집니다.

생물 데이터

이름	쇼트 실버해체트	종족	앨통이목 앨통이과
서식 깊이	200~1,000m	서식지	태평양, 대서양, 인도양
몸길이	약 4cm	좋아하는 것	소형 생물

쇼트 실버해체트는 몸이 꽤 얇아요. 몸길이는 4cm 정도이지만, 몸의 폭이 겨우 몇 mm밖에 되지 않아 커다란 눈이 돌출돼 보이죠.

이는 쇼트 실버해체트도 마찬가지지만, 밑에서 위를 올려다봐 먹잇감의 그림자를 찾는 생물이 심해에 많기 때문이에요. 쇼트 실버해체트는 몸이 펄럭이는 덕분에 천적에게 쉽게 발견되지 않습니다.

게다가 쇼트 실버해체트는 '카운터 일루미네이션(Counter illumination)'이라는 기술을 사용해요. 배 밑의 발광 기관에서 태양 빛과 비슷한 강도의 빛을 쏘아 그림자가 없는 것처럼 보이게 하는 것이죠. 당장이라도 '이젠 틀렸어……'라고 말할 법한 얼굴이지만, 실제로 위험과 마주하는 일은 적어요.

COLUMN — 짤막지식
'카운터 일루미네이션'을 쓰는 생물

쇼트 실버해체트 외에도 대서양해처피쉬, 대서양크랜치오징어, 매오징어 등이 '카운터 일루미네이션'을 쓰는 생물로 알려져 있어요.

QUIZ

Q. 쇼트 실버해체트의 은색 몸에는 어떤 효과가 있을까요?
① 빛을 반사한다
② 자석처럼 달라붙는다
③ 은처럼 단단하다

정답은 다음 페이지에

주식은 플랑크톤

넓은주둥이상어

서식 깊이: 0 ~ 3000(m)

희귀도 ★★☆☆☆

실은
얌전해요

200m~1000m
1001m~1500m
1501m~3000m
3001m~

정답 ①빛을 반사한다 이것도 적에게 발견되지 않기 위한 전략 중 하나예요.

생물 데이터

이름	넓은주둥이상어	종족	악상어목 넓은주둥이상어과
서식 깊이	200m 부근	서식지	태평양, 일본 근해 등
몸길이	약 7m	좋아하는 것	플랑크톤

넓은주둥이상어는 그 이름대로 넓은 주둥이를 지닌 상어예요. 몸길이도 7m로 거대하며, 무서운 외양은 심해 생물 중에서도 톱클래스라고 할 수 있죠.
하지만 넓은주둥이상어는 백상아리처럼 사람을 공격하진 않아요. 그러기는커녕 바다표범도 물고기도 오징어도 공격하지 않아요. 그 커다란 입에 걸맞지 않게 부지런히 작은 플랑크톤을 먹으며 생활하고 있어요.
이 넓은주둥이상어는 '환상의 거대 상어'라고 불릴 만큼 희귀한 생물이지만, 어떤 이유인지 일본 근해에서 발견되는 일이 잦아요.

COLUMN 짤막지식

상어의 이빨은 평생 빠지고 다시 난다

인간은 일생에 한 번만 이가 빠지고 다시 나지만, 상어의 이빨은 부족하거나 빠질 때마다 다시 이빨이 나와요. 일생 동안 3만 개의 이가 재생하는 상어도 있어요.

QUIZ

Q. 넓은주둥이상어 이빨의 특징은?
① 매우 크다
② 은색으로 빛난다
③ 실은 이빨이 없다

정답은 다음 페이지에

가만히 움직이지 않는 저격수

녹점술아귀

서식 깊이: 0 – 3000(m)

희귀도 ★★★

의외로 몸 색깔은 눈에 띄지 않는다

정답 ②은색으로 빛난다．넓은주둥이상어의 위턱 이빨은 은색이에요． 이 색으로 플랑크톤을 끌어들이는 듯해요．

생물 데이터

이름	녹점술아귀	종족	아귀목 술아귀과
서식 깊이	90~500m	서식지	한국 남부 해역, 동중국해
몸길이	약 30cm	좋아하는 것	어류

집 안 거실에 녹점술아귀가 있다면 큰 소란이 일어나거나 방석으로 오인하거나……. 어느 쪽이든 순식간에 발견될 거예요.

그런데 빛이 적은 심해에서 빨강은 눈에 띄지 않는 색이에요. 또, 황록색 반점 모양도 위장 역할을 하는 기능이 있는 것으로 보여요. 믿기 어려울 수도 있지만, 이렇게 눈에 잘 띄는 생물도 심해에서는 눈에 띄지 않는답니다.

그리고 녹점술아귀는 눈과 눈 사이의 돌기를 번뜩이며 먹잇감이 다가오기를 해저에서 한참 기다려요. 좋아하는 작은 생선 등이 눈앞에 오면 한순간에 덥석 집어삼키죠. 수영을 잘 못하기 때문에 여러 전략을 취하며 살아가고 있답니다.

COLUMN 짤막 지식

심해의 붉은 생물들

빛이 적은 환경에서는 붉은색이 검게 보여요. 그 때문에 심해에서는 붉은배빗해파리나 홍게, 빨강부치 등 붉은 몸 색깔을 띠는 생물이 많아요.

QUIZ

Q. 녹점술아귀가 위험에 빠질 때 취하는 행동은?
① 독을 뱉는다
② 동료를 부른다
③ 부푼다

정답은 다음 페이지에

생물 데이터

이름	꼭갈치	종족	아귀목 부치과
서식 깊이	100~700m	서식지	한국·일본·필리핀 등 태평양과 인도양
몸길이	약 10cm	좋아하는 것	조개류, 갑각류, 어류 등

마치 개구리처럼 보이지만 꼭갈치는 아귀목이에요. 어엿한 물고기랍니다.

다리처럼 보이는 건 발달한 가슴지느러미와 배지느러미예요. 꼭갈치는 이 지느러미를 능숙하게 사용해 해저를 뚜벅뚜벅 걸어요. 그리고 적이 가까이 오면 지느러미를 펼쳐 낮게 깔고 사라질 때까지 가만히 있어요. 다른 물고기처럼 헤엄칠 수 있지만, 장시간 수영하는 건 잘 못해요.

그런 서툰 꼭갈치지만, 눈과 눈 사이에 먹잇감을 유혹하기 위해 낚시할 때 사용하는 떡밥 같은 것이 달려 있어요. 하지만 너무 작아 거의 도움이 되지 못하며, 슬프게도 코털이 바람에 날리는 것처럼 보일 뿐이에요.

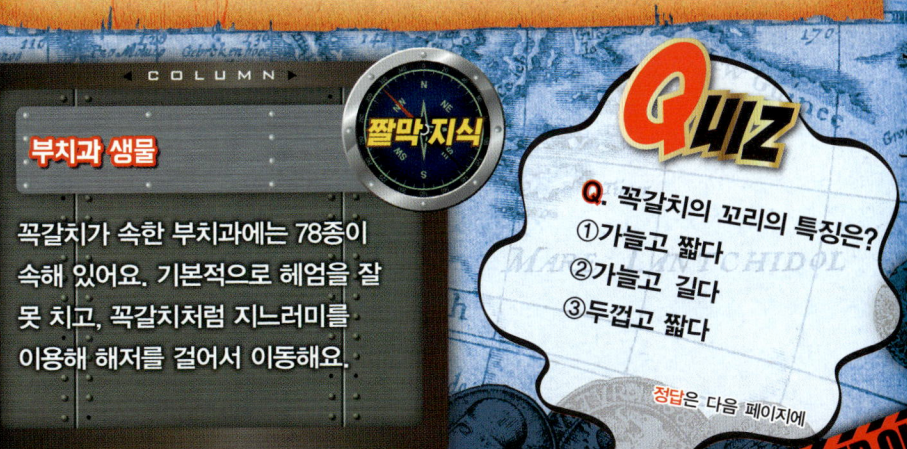

COLUMN — 짤막지식
부치과 생물

꼭갈치가 속한 부치과에는 78종이 속해 있어요. 기본적으로 헤엄을 잘 못 치고, 꼭갈치처럼 지느러미를 이용해 해저를 걸어서 이동해요.

QUIZ

Q. 꼭갈치의 꼬리의 특징은?
① 가늘고 짧다
② 가늘고 길다
③ 두껍고 짧다

정답은 다음 페이지에

세계에서 가장 큰 게
키다리게

서식 깊이 0 500 1000 1500 2000 2500 3000 (m)

희귀도 ★★★★☆

일본 주변이 서식지

200m~1000m
1001m~1500m
1501m~3000m
3001m~

섬뜩함 지수 중소

정답 ①가늘고 짧다 무게 중심을 잡는다고 알려진 꼬리는 가늘고 짧아요.

생물 데이터

이름	키다리게	**종족**	십각목 거미다리게과	
서식 깊이	50~300m	**서식지**	태평양, 동중국해	
몸길이	약 30cm (등딱지)	**좋아하는 것**	조개류, 갑각류	

키다리게는 일본 주변에 사는 세계에서 가장 큰 게예요. 수컷은 가위 같은 좌우의 다리를 펼치면 3m에 달해요. 참고로, 대게는 다리를 펼치면 70cm 정도예요. 비교하니까 키다리게가 얼마나 큰지 알 수 있겠죠? 보통 수심 300m 정도의 심해에 서식하지만, 봄의 산란기가 되면 얕은 바다까지 올라와요. 이 시기에는 일본 언론 매체에서 만날 수 있어서 바다의 반짝 명물이 되죠.

그리고 키다리게는 일반 게와 마찬가지로 탈피를 해요. 거구이기 때문에 작은 대게의 탈피가 30분 정도로 끝나는 것에 비해, 키다리게의 탈피는 6시간이나 걸려요.

◀ COLUMN ▶
짤막 지식
거대화하는 심해의 불가사리

심해에는 거대한 불가사리도 서식해요. 일본 주변에 서식하는 마리아스테르 기간테우스는 40cm, 북미 서해안에 서식하는 자이언트씨스타는 지름 60cm에 달하죠.

QUIZ

Q. 일본 시즈오카현 작은 마을에서는 키다리게를 무엇에 사용하고 있을까요?
① 점치기　② 악귀 퇴치
③ 축제

정답은 다음 페이지에

사랑스러운 '유빙의 천사'
클리오네

서식 깊이: 0 ~ 3000 (m)
희귀도: ★☆☆☆

200m~1000m
1001m~1500m
1501m~3000m
3001m~

식사할 땐 엄청 무서워요

중소

정답 ②악귀 퇴치 등딱지에 요괴 등을 그린 가면을 만들어 현관에 장식하는 전통이 있어요.

26

생물 데이터

이름	클리오네	**종족**	무각익족목 무각거북고둥과
서식 깊이	0~600m	**서식지**	북극해 및 북태평양과 북대서양
몸길이	약 3cm	**좋아하는 것**	해저달팽이

무각거북고둥은 속명인 '클리오네'로 불리는 경우가 대부분이에요. 고둥에 속하지만 성체가 되면 껍데기가 없어져요.

클리오네가 하늘하늘 헤엄치는 모습은 마치 날갯짓을 하는 듯 보여 매우 귀엽다고 해요. 그 모습이 '유빙의 천사', '바다의 요정' 등으로 비유되어 수족관에서도 엄청 인기가 많죠.

그런 그들도 식사할 때는 악마로 변해요. 먹이를 발견하면 머리끝이 "딱!" 하고 열려 안에서 '버컬 콘(buccal cone)'이라는 여섯 개의 구불구불한 기관이 등장해요. 그걸로 먹이를 순식간에 붙잡죠. 그리고 배가 가득 차면 다시 아무 일 없었던 것처럼 천사의 모습으로 돌아와요.

COLUMN

100년 만에 발견된 신종 클리오네

2016년에 약 100년 만에 신종 클리오네인 '클리오네 오호텐시스'가 발견되었어요. 사실 10년 전부터 그 존재가 확인되고 있었지만, 외형이 기존 클리오네와 달리 오뚜기처럼 생겨서, 연구자들은 다른 생물로도 생각했답니다.

짤막 지식

QUIZ

Q. 클리오네는 얼마 동안 식사를 하지 않아도 될까요?
① 일주일 ② 한 달
③ 일 년

정답은 다음 페이지에

생물 데이터

이름	퍼플 해그피시	종족	먹장어목 먹장어과
서식 깊이	200~765m	서식지	태평양, 동해
몸길이	약 80cm	좋아하는 것	고래 사체

입처럼 보이는 건 콧구멍이에요. 퍼플 해그피시는 눈이 거의 보이지 않기 때문에 냄새로 먹이를 찾아요. 입은 콧구멍 밑에 있고, 톱니 같은 이빨로 고기를 갉아 먹어요.

그런 퍼플 해그피시의 가장 큰 특징은 '점액' 같은 끈적끈적한 액체를 몸에서 내보내 자신을 방어하는 거예요. 적에게 있어 이 점액은 매우 성가시죠. 자칫 몸에 잘못 들어오면 호흡이 막히게 될 수도 있기 때문이에요.

하지만 때로는 이 점액이 자신의 콧구멍에 들어가는 경우도 있어요. 그럴 때는 인간이 콧구멍으로 재채기를 하듯 "쿵!" 하고 기세 좋게 내뿜어요.

COLUMN - 먹장어가 일으킨 사고

미국에서 먹장어를 옮기던 트럭이 전복됐어요. 대량의 먹장어가 도로에 방사되어 뒤따르던 차량이 '점액'에 의해 와르르 미끄러지는 사고가 일어났었어요.

짤막지식 QUIZ

Q. 퍼플 해그피시에게 없는 것은?
① 입 ② 코 ③ 턱

정답은 다음 페이지에

코끼리 같은 코를 지닌 상어
퉁소상어

서식 깊이
0　500　1000　1500　2000　2500　3000 (m)

희귀도 ★★★★★

200m~1000m
1001m~1500m
1501m~3000m
3001m~

코끝으로 전기를 감지!

설툭한 거시
소

30　정답　③턱, 척추동물 중 턱이 없는 무악류에 속해요. 다른 무악류는 대부분이 멸종했어요.

생물 데이터

이름	퉁소상어	종족	은상어목 퉁소상어과
서식 깊이	250m 부근	서식지	호주 남부, 뉴질랜드 남부 등 남반구의 냉온대 해역
몸길이	약 1m	좋아하는 것	조개류, 갑각류 등

퉁소는 가는 대로 만든 목관 악기예요. 퉁소상어는 은상어라는 별개의 목에 속하며, 코끼리 같은 코를 지닌 것이 특징이에요.

코끼리처럼 엄청 긴 코는 아니지만, 이 코는 아주 고성능이에요. 코끝이 감지기로 작동해 먹잇감이 내뿜는 작은 전류를 감지하죠. 먹이가 진흙 사이에 숨어 있어도 찾아낼 수 있어요.

뭔가 고도로 진화한 생물로도 보이지만, 실은 몇억 년 전부터 지구에 살았고 거의 모습도 바뀌지 않았다고 해요. 코끼리 같은 코가 특징이라고 했지만, 실은 코끼리보다 한참 선배인 거죠.

COLUMN

코가 곧은 텐구은상어(일본명)

은상어목에 속하는 텐구은상어는 퉁소상어와는 달리 코(입 위)가 곧게 뻗어 있어요. 이는 확실히 '텐구(일본 전설에 나오는 요괴)'라는 이름이 어울리는 외양이죠.

짤막지식

QUIZ

Q. 퉁소상어는 한 번에 몇 개의 알을 낳을까요?
① 두 개 ② 백 개
③ 만 개

정답은 다음 페이지에

하트를 닮은 모습

리라빗해파리

서식 깊이
0 500 1000 1500 2000 2500 3000 (m)

희귀도 ★★★★★

200m~1000m
100m~1500m
150m~3000m
300m~

해파리지만 수영은 못한다

정답 ①두 개 / 툭소상어는 해저에 두 개의 알을 낳아요. 해양 생물치고는 극히 적게 낳는 편이죠.

생물 데이터

이름	리라빗해파리	종족	넓적빗해파리목 리라빗해파리과
서식 깊이	70~230m	서식지	일본 근해
몸길이	약 15cm	좋아하는 것	소형 플랑크톤

해파리라고 하면 바닷속을 유유히 떠도는 이미지가 있죠. 하지만 리라빗해파리는 성체가 되면 바위에 들러붙어 수영하지 못하게 돼요. 그 모습이 하트 조형물을 닮았어요. 그럼 리라빗해파리는 바위에 들러붙은 채 어떻게 식사를 하는 걸까요? 정답은 촉수에 있어요. 게임이나 애니메이션의 몬스터처럼 촉수를 늘여 플랑크톤을 붙잡는 거예요. 그리고 더 놀라운 건 이 리라빗해파리를 발견한 건 해파리를 좋아하는 것으로 알려진 일본 쇼와 천황이었다고 해요. 그 때문에 리라빗해파리의 종소명에는 천황을 의미하는 'imperatoris'가 붙어 있다고 해요.

COLUMN — 짤막 지식

심해 말미잘

리라빗해파리의 생활은 말미잘에 가까워요. 심해에도 말미잘이 서식하고 있고, 그중 하나인 달리아말미잘은 달리아 꽃을 닮았어요.

QUIZ

Q. 리라빗해파리 이름의 유래는?
① 리라를 닮았다
② '리라빗' 하고 운다
③ 발견한 사람이 리라빗이다

정답은 다음 페이지에

생물 데이터

- **이름** 분홍꼼치
- **종족** 쏨뱅이목 꼼치과
- **서식 깊이** 200~800m
- **서식지** 일본 홋카이도 이북, 오호츠크해 등의 북태평양 해역
- **몸길이** 약 30cm
- **좋아하는 것** 소형 갑각류

불교에 귀의해 출가한 여성을 '비구니(여승)'라고 해요. 분홍꼼치는 둥근 얼굴이 비구니를 닮은 것에서 이름이 붙여진 심해 물고기예요(일본명: 자라비구니). 넓은 바닷속에 해녀뿐만 아니라 비구니도 헤엄치고 있는 것이죠.
분홍꼼치는 비늘이 없고 피부가 젤리처럼 부드러워 땅 위로 건지면 해파리처럼 몸의 형태가 부서지고 말아요. 복부에는 작은 빨판이 있어 딱딱한 것에 들러붙을 수 있어요.
그리고 분홍꼼치는 땅 위를 기준으로 거꾸로 선 자세로 먹잇감을 찾아요. 분홍꼼치의 가슴지느러미는 맛을 감지할 수 있어 이를 해저에 뻗어 맛을 본다고 해요.

COLUMN — 짤막지식
피부가 말랑말랑한 생물

같은 꼼치과에 속하는 다마콘냐쿠우오(일본명)도 피부가 젤리처럼 말랑말랑해요. 대부분이 수분으로 이루어진 몸은 해저의 높은 수압을 견딜 수 있다고 해요.

QUIZ
Q. 분홍꼼치는 어떤 속에 속하는 종인가요?
① 시라타키우오속(일본명)
② 네크토리파리스속
③ 카레프로크투스속

정답은 다음 페이지에

긴팔오징어

몸에 발광 기관이 잔뜩

희귀도 ★★★★★

서식 깊이: 0 ~ 3000m

유령이지만 의외로 개구쟁이

정답 ③카레프로크투스속 분홍꼼치는 꼼치과 카레프로크투스속이에요.

생물 데이터

이름	긴팔오징어	종족	살오징어목 긴팔오징어과
서식 깊이	200~600m	서식지	태평양, 인도양
몸길이	약 25cm (몸통)	좋아하는 것	새우류, 계류

발견 당시에는 유령처럼 조용히 떠다니는 것으로 여겨져 '유령오징어'라고 불렸어요. 하지만 잘 관찰해 보니, 빛을 내고 적극적으로 헤엄치며 돌아다니는 활발한 생물이라는 것을 알게 됐어요.

애당초 반투명해 발견하기 어려운 긴팔오징어지만, 그럼에도 눈과 내장 등은 눈에 띄어요. 그래서 긴팔오징어는 빛을 내, 자신의 그림자를 지움으로써 몸을 보호하는 것이죠. 또 긴팔오징어는 사냥할 때도 빛을 이용해요. 팔을 빛나게 해, 가짜 미끼처럼 먹잇감을 유인하는 것이죠.

하지만 유령을 좀처럼 만날 수 없는 것처럼, 살아 있는 긴팔오징어를 발견하기도 쉽지 않아요. 그 때문에 자세한 생태는 아직 알려져 있지 않답니다.

COLUMN

짤막지식

투명한 몸으로 몸을 숨긴다

유리문어도 긴팔오징어처럼 몸이 투명해요. 그 때문에 몸을 항상 수직으로 길게 세워 내장이 만드는 그림자의 면적을 줄여요.

QUIZ

Q. 긴팔오징어 팔의 특징은 무엇일까요?
① 가는 팔과 두꺼운 팔이 있다
② 명백히 색이 다른 팔이 있다
③ 단단함과 모양이 다른 팔이 있다

정답은 다음 페이지에

실은 멸종되지 않았다

실러캔스

서식 깊이
0 500 1000 1500 2000 2500 3000 (m)

희귀도 ★★★★★

육상 생물이 되려고 한 살아 있는 화석

200m~1000m
1001m~1500m
1501m~3000m
300m~

숨죽한 거수
중
소

정답 ①가는 팔과 두꺼운 팔이 있다. 10쌍의 팔 중 두꺼운 것과 가는 것이 있어요.

생물 데이터

이름	실러캔스	종족	실러캔스목 실러캔스과
서식 깊이	50~수백 m	서식지	코모로 제도
몸길이	약 1~2m	좋아하는 것	오징어류, 어류

실러캔스는 4억 년 이상 전 고생대 데본기에 출현한 물고기예요. 6,500만 년 전 백악기 말에 멸종한 것으로 여겨졌지만, 1938년에 살아 있는 개체가 발견됐어요. 오랜 옛날의 생물은 화석이 정보원이 돼요. 실러캔스도 백악기를 마지막으로 화석이 발견되지 않아 그 시대에 멸종된 것으로 여겨졌었어요. 그러던 와중에 화석이 아닌, 본인이 직접 등장했죠. 당시의 학자들은 다리의 힘이 풀릴 정도로 놀랐을 게 틀림없어요.

그리고 그 후의 연구를 통해 실러캔스가 육상 생물과 똑같은 형태의 유전자를 지닌 것을 알아냈어요. 그들은 분명 어류와 어류에서 진화한 육상 생물의 중간 지점에 위치한 생물일 거예요.

COLUMN

'살아 있는 화석' 투구게

투구게도 '살아 있는 화석'으로 불리는 생물 중 하나예요. 게라고 불리지만 거미에 가깝고, 지금의 모습을 갖게 된 지 2억 년이나 지난 것으로 여겨져요.

짤막 지식

QUIZ

Q. 어째서 심해에는 '살아 있는 화석'이 많이 남아 있나요?
① 환경이 바뀌지 않아서
② 수압이 있어서
③ 먹을 게 많아서

정답은 다음 페이지에

두족류의 '살아 있는 화석'
앵무조개

서식 깊이: 0 500 1000 1500 2000 2500 3000 (m)

희귀도 ★★★★★

자신의 집이지만 안까지 들어가지 못한다

200m~1000m
1001m~1500m
1501m~3000m
3001m~

서식특항 귀소 소

정답 ①환경이 바뀌지 않아서 심해의 환경은 몇억 년 전부터 지금까지 바뀌지 않아 반드시 진화할 필요가 없었어요.

생물 데이터

이름	앵무조개	**종족**	앵무조개목 앵무조개과	
서식 깊이	0~400m	**서식지**	인도양~서태평양	
몸길이	약 20~25cm (껍데기)	**좋아하는 것**	새우류, 게류	

실러캔스와 마찬가지로 앵무조개도 '살아 있는 화석' 중 하나예요. 앵무조개의 선조는 약 4억 9,000만 년 전 오르도비스기에 번성했다고 해요.

고둥도 그렇지만 앵무조개는 문어나 오징어와 마찬가지로 두족류에 속해요. 하지만 문어나 오징어가 몇 년 안에 죽는 것에 반해, 앵무조개는 20년 가까이 살죠.

껍데기 안은 몇 개의 방으로 나뉘며 출구에 가장 가까운 방에 몸이 들어 있어요. 하지만 그 안쪽 방에는 벽이 있어 들어갈 수 없어서, 앵무조개는 껍데기 안에 몸을 쑥 집어넣을 수 없어요. 참고로 이 껍데기는 더 깊은 곳에 들어가면 수압으로 부서지고 말아요.

COLUMN 짤막지식
암모나이트는 다른 생물

앵무조개와 암모나이트는 외양도 분류도 비슷하지만 다른 생물이에요. 앵무조개는 지금도 서식하고 있지만, 암모나이트는 멸종했어요.

QUIZ

Q. 암컷 앵무조개는 몇 개의 촉수가 있나요?
①9개　②90개
③900개

정답은 다음 페이지에

생물 데이터

이름	남극빙어		종족	농어목 남극빙어과
서식 깊이	0~800m		서식지	남극해
몸길이	약 70m		좋아하는 것	어류, 새우류

물고기는 보통 수온이 영하 0.8도에 달하면 얼어요. 그렇다면 수온이 영하 2~3도인 남극해에 서식하는 물고기들은 어째서 꽁꽁 얼지 않는 걸까요?

실은 그들의 혈액 속에 '부동 단백질'이라는 것이 포함돼 있어요. 이 특수한 단백질 덕분에 춥디추운 바닷속에서도 살 수 있죠.

남극해에 서식하는 남극빙어도 부동 단백질을 지닌 물고기예요. 하지만 그들의 혈액에는 그 이상으로 큰 특징이 있어요. 바로 그들의 몸에 투명한 피가 흐르는 것이죠. 피가 투명한 건 '헤모글로빈'이라는 혈색소가 없기 때문인지, 어째서 그런 건지는 아직 수수께끼에 싸여 있어요.

COLUMN 짤막 지식

애당초 남극해는 어째서 얼지 않는 걸까요?

물이 0도에서 언다는 사실은 초등학교 과학 수업 때도 배워요. 하지만 바닷물은 소금이 들어 있어 얼기 어렵고, 남극 바닷물의 경우 영하 20도에 달하지 않는 이상 얼지 않는다고 해요.

QUIZ

Q. 헤모글로빈의 주된 역할은?
① 산소를 운반한다
② 근육을 만든다
③ 뼈를 튼튼하게 한다

정답은 다음 페이지에

고래가 아니라 상어

스플랜디드 랜턴상어

서식 깊이
0　500　1000　1500　2000　2500　3000(m)

희귀도 ★★★★★

오징어처럼
온몸이
발광하는
상어

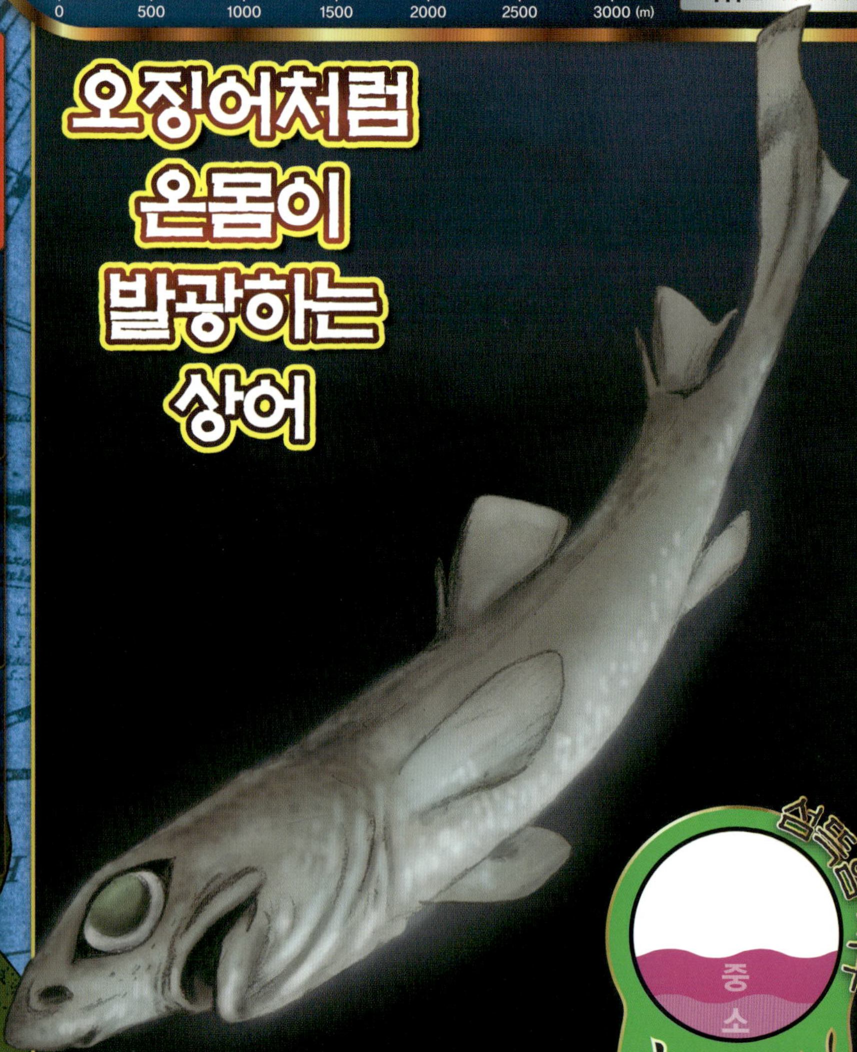

200m~1000m
1001m~1500m
1501m~3000m
3001m~

정답 ①산소를 운반한다 　헤모글로빈이 없는 남극빙어는 '혈장'이라는 성분에 산소를 녹여 운반해요.

생물 데이터

이름	스플랜디드 랜턴상어
종족	돔발상어목 가시줄상어과
서식 깊이	120~210m
서식지	동중국해, 자바해
몸길이	약 30cm
좋아하는 것	오징어류

스플랜디드 랜턴상어는 상어의 한 종이에요. 돔발상어목 가시줄상어과에 속하며, 몸길이는 30cm밖에 되지 않아요. 상어 중에서는 꽤 작은 몸집을 지닌 편이죠.

스플랜디드 랜턴상어는 '빛나는 상어'로 알려져 있어요. 온몸 대부분에 발광기를 지녔으며, 특히 배를 강하게 빛낼 수 있죠. 상어지만 고래라고 불리고(일본명에는 '고래'가 들어간다), 상어지만 오징어처럼 빛나는 매우 복잡한 생물이에요. 그리고 그 빛은 '카운터 일루미네이션' 효과가 있다고 여겨져요. 그들은 포식자인 대형 상어와 마주하지 않도록 빛으로 몸을 지키는 것이겠죠.

COLUMN

녹색으로 빛나는 스웰 샤크

스웰 샤크는 형광인 녹색으로 빛나는 상어예요. 하지만 그 빛은 인간의 눈에는 보이지 않으며 특수한 카메라로만 겨우 확인할 수 있어요.

짤막지식

QUIZ

Q. 다음 중 상어가 아닌 것은 무엇일까요?
① 흑기흉상어
② 강남상어
③ 발라샤크

정답은 다음 페이지에

생물 데이터

이름	메탄얼음벌레	**종족**	부채발갯지렁이목 수염갯지렁이과	
서식 깊이	540m	**서식지**	멕시코만	
몸길이	불명	**좋아하는 것**	불명	

일본 근해를 포함해 세계의 해저에는 메탄 하이드레이트라는 빙상 물질이 잠들어 있어요. 이 메탄 하이드레이트는 석유를 대체하는 새 에너지원으로서 주목받고 있지만, 그 채굴에 눈이 튀어나올 정도로 돈이 많이 들어 지금은 상용화되어 있지 않아요.

하지만 심해에는 이미 이 메탄 하이드레이트를 잘 활용하는 생물이 있어요. 그 이름도 메탄얼음벌레죠. 다모류인 갯지렁이과에 속해요.

메탄얼음벌레는 메탄 하이드레이트 안에 구멍을 파고 살며, 메탄을 에너지원으로 삼는 세균을 먹는 것으로 알려졌어요. 가까운 장래에 인간이 그들의 생활을 빼앗게 될까요?

COLUMN - 짤막지식

갯지렁이는 낚시 미끼가 된다

갯지렁이는 몇천 종이나 되며, 그중 일부는 낚시의 주된 미끼로 쓰여요. 망둑어나 보리멸 등의 작은 물고기를 노리기에 적합해요.

QUIZ

Q. 메탄얼음벌레의 대단한 특징은?
① 먹을 게 없어도 살 수 있다
② 머리가 없어도 살 수 있다
③ 산소가 없어도 살 수 있다

정답은 다음 페이지에

불뚝복

정면에서는 보지 마

서식 깊이: 0 ~ 3000m

희귀도 ★★★★★

배를 펼쳐 적을 놀라게 한다

200m~1000m
101m~1500m
1501m~3000m
3001m~

정답 ③ 산소가 없어도 살 수 있다 | 산소가 없는 환경에서 96시간 생존했다는 기록이 있어요.

생물 데이터

이름	불뚝복	종족	복어목 불뚝복과
서식 깊이	50~300m	서식지	한국·일본·인도네시아·인도양의 열대 지역
몸길이	약 40cm	좋아하는 것	불명

불뚝복의 몸은 옆으로는 납작한 편이나 배가 불룩 튀어나와 큰 주머니가 늘어진 것처럼 보여요. 하지만 불뚝복은 평소 이 모습으로 수영하지 않아요.

불뚝복이 배를 펼치는 건 위험에 빠졌을 때뿐이에요. 일반적으로 복어는 몸을 풍선처럼 부풀리지만, 불뚝복은 배를 펼침으로써 자신의 몸을 크게 만들 수 있어요. 이런 방법으로 몸을 지키는 복어는 현재 불뚝복밖에 없어요. 매우 희귀한 물고기지만, 드물게 어업 활동이나 낚시 등으로 포획되는 경우도 있어요. 시장에 나오는 일은 없지만, 불뚝복의 근육에는 독이 없어 일본 오키나와 등지에서는 식용으로 삼은 기록도 있다고 해요.

COLUMN 짤막 지식

심해에 다른 복어가 있나요?

외견은 복어를 닮지 않았지만, 분홍쥐치는 수심 200m 부근에 서식하는 복어목 물고기예요. 몸길이가 10cm 정도의 붉은 몸과 작게 오므린 입이 특징이며, 옆새우 등을 잡아먹어요.

QUIZ

Q. 복어를 한자로 쓰면?
① 하돈(河豚)
② 하원(河猿)
③ 하견(河犬)

정답은 다음 페이지에

생물 데이터

이름	재패니스 러프샤크	**종족**	돔발상어목 옥시노투스과
서식 깊이	150~300m	**서식지**	일본
몸길이	약 60cm	**좋아하는 것**	불명

'상어 피부'라는 말이 있듯 상어의 몸은 기본적으로 꺼칠꺼칠해요. 그중에서도 재패니스 러프샤크는 비늘이 거칠고 몸 표면이 무를 간 것처럼 보여요.
상어 중에는 비슷하게 생긴 종도 많지만 재패니스 러프샤크는 개성이 있어요. 옆에서 보면 등이 툭 솟아올라 있고, 앞에서는 콧구멍이 크게 보여요. 또 다른 상어에 비해 수영 능력도 낮다고 여겨져요.
결국 재패니스 러프샤크라는 이름이 붙여졌지만, 얼굴이 너구리로도 보여 '너구리'가 들어간 이름도 후보로 올랐다고 해요.

COLUMN ▶ 짤막 지식

정보가 부족한 재패니스 러프샤크

발견 사례가 적은 재패니스 러프샤크는 생태가 대부분 베일에 싸여 있어요. 누마즈항 심해 수족관에서 사육된 개체도 절식 후 사망해 무엇을 먹는지도 불명이에요.

QUIZ

Q. 실제로 강판으로 쓰이고 있는 상어는 무엇일까요?
① 전자리상어
② 톱상어
③ 고래상어

정답은 다음 페이지에.

네? 아무것도 안 먹는데요?
붉은종이초롱해파리

희귀도 ★★★★★

0 — 500 — 1000 — 1500 — 2000 — 2500 — 3000 (m)

붉은 우산으로 먹은 것을 감춘다

200m~1000m
1001m~1500m
150m~3000m
3001m~

서식환경: 중소

정답 ①전자리상어 까칠까칠한 전자리상어의 가죽은 생고추냉이를 가는 도구로 쓰이고 있답니다.

생물 데이터

이름	붉은종이초롱해파리
서식 깊이	450~1,000m
몸길이	약 18cm (갓)
종족	꽃해파리목 에보시해파리과(일본명)
서식지	태평양, 대서양, 남극해
좋아하는 것	플랑크톤

붉은종이초롱해파리가 좋아하는 건 플랑크톤과 작은 물고기예요. 하지만 잘 비치는 몸이기 때문에 발광하는 먹이를 먹으면 적에게 발견되고 말아요. 이때 도움을 주는 것이 몸 안에 있는 붉은 우산이에요. 앞에서도 설명했듯이 심해에서는 붉은색이 검게 보이고 대부분 눈에 띄지 않아요. 그래서 붉은종이초롱해파리는 먹은 것을 이 붉은 우산 속에 숨기죠.

또 흥미롭게도 붉은종이초롱해파리의 몸에 옆새우나 바다거미 등의 작은 생물이 들러붙어 살고 있는 경우가 있어요. 아버지가 술집의 붉은빛에 이끌리듯 심해의 붉은종이초롱해파리도 대인기예요.

COLUMN

붉은종이초롱해파리를 닮은 해파리

심해 400~700m 부근에 사는 헬멧해파리도 반투명한 몸에 검붉은 우산을 지녀, 먹이의 빛을 감춰요. 죽순처럼 생긴 매우 이상한 해파리예요.

QUIZ

Q. 붉은종이초롱해파리의 특징은?
① 늘어나고 줄어든다
② 먹지 않는다
③ 다양한 색이 있다

정답은 다음 페이지에

수십 번은 나뉜 팔

삼천발이

서식 깊이
0　　500　　1000　　1500　　2000　　2500　　3000 (m)

희귀도 ★★★★★

팔을 뻗어 먹이를 붙잡는다!

200m~1000m
1001m~1500m
1501m~3000m
3001m~

정답 ①늘어나고 줄어든다 붉은종이초롱해파리는 몸을 늘이고 줄이며 헤엄쳐요.

생물 데이터

이름	삼천발이	**종족**	혁사미목 삼천발이과
서식 깊이	500m	**서식지**	남극해, 일본 근해
몸길이	불명	**좋아하는 것**	동물성 플랑크톤

한눈에는 산호로도 보이지만, 삼천발이는 혁사미목에 속해요. 매우 복잡하게 가지가 나뉘어 있지만, 자세히 보면 일반적인 혁사미목과 마찬가지로 5개의 팔이 있는 것을 알 수 있어요.

그리고 이 팔은 각자 선호하는 방향으로 꿈틀꿈틀 움직일 수 있어요. 이 팔을 사용해 조류의 흐름이 빠른 바위나 산호 위를 이동할 수 있고, 또 팔을 쭉 늘려 흘러들어 오는 플랑크톤 등을 붙잡을 수 있어요. 그리고 붙잡은 먹이는 복부 중앙에 있는 입으로 운반되죠.

이렇게 넓은 팔이면 플랑크톤도 쉽게 도망칠 수 없을 거예요.

COLUMN

거미불가사리는 어떤 생물인가요?

거미불가사리는 불가사리와 가까운 관계인 극피동물에 속해요. 기본 다섯 개의 가늘고 긴 팔을 지니며 이 팔을 뱀처럼 휘어서 이동하죠.

짤막지식

QUIZ

Q. 고문헌인 『자산어보』에서는 삼천발이를 뭐라고 부르나요?

① 천족섬
② 만족섬
③ 백족섬

정답은 다음 페이지에

심해의 거대 오징어
대왕오징어

서식 깊이
0　500　1000　1500　2000　2500　3000 (m)

희귀도 ★★★★★

천적은 향유고래

200m~1000m
1001m~1500m
1501m~3000m
3001m~

대 중 소

정답 ①천족섬 천족섬(千足蟾)이라고 기록되어 있어요.

생물 데이터

이름	대왕오징어	**종족**	살오징어목 대왕오징어과	
서식 깊이	수백~1,000m	**서식지**	태평양, 인도양, 대서양	
몸길이	최대 18m	**좋아하는 것**	오징어류, 어류	

대왕오징어는 대왕이라는 이름에 걸맞게 세계에서 가장 큰 오징어예요. 몸길이가 최대 18m에 이른다는 기록도 있어요. 눈만 지름 30cm에 달하며 이는 농구공보다 한 단계 커요. 이만큼 거대한 몸을 지니면 심해에서는 거의 무적이지만, 유일하게 이 대왕오징어를 적극적으로 공격하는 생물이 있어요. 마찬가지로 거대한 생물인 향유고래예요. 오징어류를 아주 좋아하는 향유고래에게 있어 대왕오징어는 포만감 있는 최고의 먹이죠.
오늘도 바다 밑 어딘가에서 엄청난 박력의 싸움이 펼쳐지고 있겠죠. 참고로 이 대왕오징어는 인간이 먹기엔 별로 맛없다고 해요.

COLUMN

'크라켄'의 모델이 된 대왕오징어

유럽에서 전해지는 괴물 '크라켄'은 대왕오징어가 모델이 된 것으로 여겨져요. 영화 〈캐러비안의 해적〉에도 등장했죠.

짤막 지식

QUIZ

Q. 대왕오징어의 특기는?
① 몸을 부풀린다
② 몸 색깔을 바꾼다
③ 몸에서 빛을 낸다

정답은 다음 페이지에

남국의 공예품 같다

구마사카가이 (일본명)

서식 깊이
0　500　1000　1500　2000　2500　3000 (m)

희귀도 ★☆☆☆

200m~1000m
1001m~1500m
1501m~3000m
3001m~

조개에 조개를 붙인다

중
소

정답　②몸 색깔을 바꾼다　대왕오징어는 몸을 흰색이나 은색, 금색으로 바꾸면서 헤엄쳐요.

58

생물 데이터

이름	구마사카가이	종족	신생복족상목 비단무늬고둥과
서식 깊이	50~200m	서식지	서태평양, 인도양
몸길이	약 80mm (껍데기)	좋아하는 것	플랑크톤

구마사카가이는 심해의 입구 부근에 서식하는 고둥이에요. 일러스트를 보면 껍데기가 멋있게 치장되어 있지만, 이는 구마사카가이가 스스로 붙인 거예요.

구마사카가이는 긴 혀끝을 능수능란하게 움직여 주변 작은 바위, 다른 껍데기로부터 산호 등을 모아 부지런히 자신의 껍데기를 장식하죠. 구마사카가이의 껍데기는 얇기 때문에 이렇게 함으로써 껍데기를 강화하는 것으로 여겨져요. 그리고 개체에 따라서는 작은 돌 전문, 껍데기가 두 짝 있는 이패류 전문 등, 특징을 가진 것도 있다고 해요. 이들은 어쩌면 조용히 멋을 즐기는 것뿐일지도 몰라요.

COLUMN 짤막지식

심해에 사는 조개류의 연구

'앨빈조개'라는 고둥은 화학 합성으로 에너지를 만드는 세균이 아가미 안에 공생하고 있어요. 이 세균으로부터 영양분을 얻으며 생활해요.

QUIZ

Q. 구마사카가이의 이름의 유래가 된 것은?
①도적 ②스파이
③사기꾼

정답은 다음 페이지에

무수한 가시로 몸을 보호한다
밤송이게

서식 깊이: 0 ~ 3000(m)

희귀도 ★★☆☆

놀라운 방어력

200m~1000m
1001m~1500m
1501m~3000m
300m~

정답 ①도적 일본 헤이안 시대의 전설에 따르면 도적, 구마사카 초한으로부터 유래했다고 해요. 등에 훔친 물건을 지고 있는 모습에서 붙여졌다고 해요.

생물 데이터

이름	밤송이게	**종족**	십각목 털게과
서식 깊이	150~600m	**서식지**	한국, 일본, 미국
몸길이	약 13cm (등딱지)	**좋아하는 것**	조개류, 갯지렁이류 등

『원숭이와 개의 싸움』이라는 동화에는 게와 밤이 등장하지만, 실제 심해에는 그 둘을 하나로 합친 생물이 있어요. 밤송이처럼 뾰죽한 등딱지를 지닌 밤송이게예요. 밤송이게는 등딱지부터 다리까지 가시로 수북이 덮여 있어요. 성체 밤송이게의 가시 길이는 1~1.5cm 정도지만, 새끼일 때는 가시가 길고 성장함에 따라 짧아져요. 밤송이게는 이 무수한 가시로 자신의 몸을 보호하는 것이죠. 참고로 밤송이게는 암수가 함께 포획되는 경우가 많아 '부부게'로도 불려요. 겉모습은 뾰죽하지만 부부 생활은 원만한 듯해요.

COLUMN 짤막 지식

밤송이게는 게가 아니다?

밤송이게는 털게과에 속해요. 게는 다리가 열 개지만, 밤송이게의 맨 끝에 있는 다리는 등딱지 안에 숨겨져 있어 여덟 개밖에 없는 것처럼 보여요.

QUIZ

Q. 이 중에 실존하는 생물은?
① 악어게
② 가시게
③ 바늘게

정답은 다음 페이지에

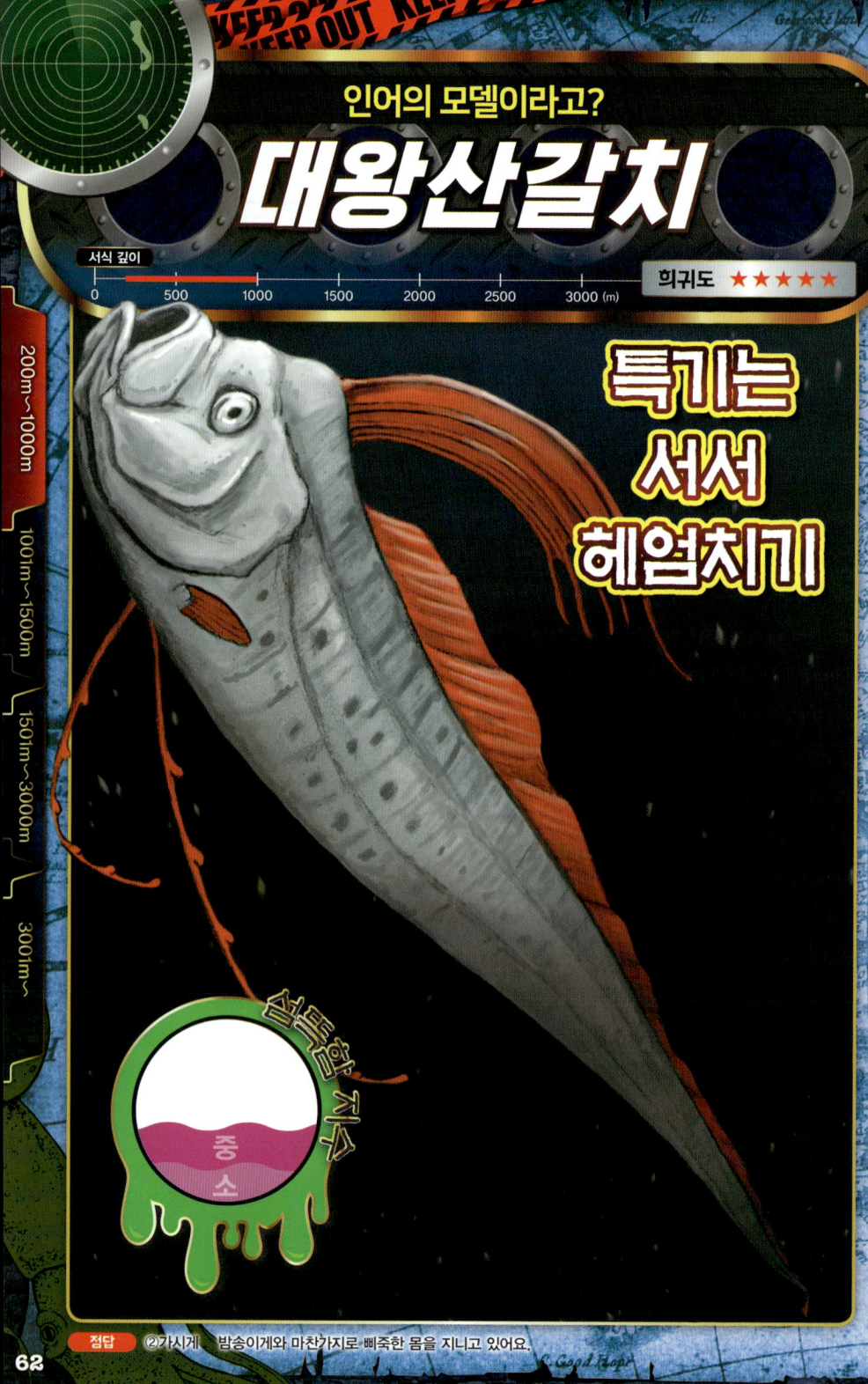

생물 데이터

이름	대왕산갈치	**종족**	이악어목 산갈치과
서식 깊이	200~1,000m	**서식지**	세계 각지
몸길이	약 2~11m	**좋아하는 것**	새우류, 오징어류, 어류

'큰은대구', '전자리상어', '물미거지' 등 "응?" 하고 반응할 법한 심해 생물이 많은 와중에 신비로운 일본명을 지닌 대왕산갈치. 일본명은 '용궁의 사자'이며, 용궁은 일본 각지에 존재하는 용궁 신화의 주인공인 우라시마 타로가 다녀간 장소를 일컬어요.
대왕산갈치는 마치 띠처럼 가늘고 긴 평평한 생물이에요. 등지느러미는 선명한 붉은색이지만 죽은 후에는 이 색이 없어지죠. 턱 밑에 길게 뻗은 배지느러미는 감각 기관으로 쓰이며, 이를 사용해 먹잇감을 찾아요.
그리고 대왕산갈치는 일본 인어 전설의 모델이 되었다고도 해요. 옛날 사람들은 커다란 머리의 지느러미를 머리카락과 혼동했던 걸까요?

COLUMN — 짤막 지식

노스 퍼시픽 크레스트피시와 대왕산갈치는 똑 닮았다?

노스 퍼시픽 크레스트피시는 대왕산갈치와 많이 닮은 심해 물고기예요. 대왕산갈치보다 몸길이가 짧아 새끼 대왕산갈치로 오해받는 경우도 많아요.

QUIZ

Q. 여태 발견된 대왕산갈치 중 가장 컸던 건 몇 m일까요?
① 7m ② 9m ③ 11m

정답은 다음 페이지에.

배부르게 먹고 싶어
블랙스왈로우어

서식 깊이: 0 — 500 — **1000** — 1500 — 2000 — 2500 — 3000 (m)

희귀도 ★★★★★

200m~1000m
1001m~1500m
1501m~3000m
3001m~

자기보다 큰 먹잇감을 꿀꺽

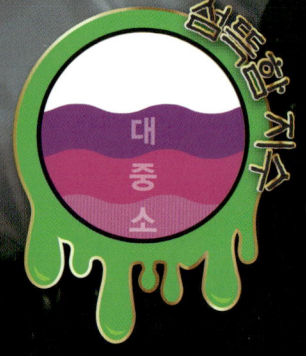
대 중 소

정답 ③11m 최장 11m, 272kg의 대왕산갈치가 발견된 적이 있어요.

생물 데이터

- **이름**: 블랙스왈로우어
- **종족**: 농어목 키아스모돈과
- **서식 깊이**: 수백~1,000m
- **서식지**: 세계 각지
- **몸길이**: 약 10~30cm
- **좋아하는 것**: 어류

육상 생물인 비단뱀은 자기보다 큰 먹잇감도 통째로 삼켜요. 텔레비전 등에서 배가 빵빵하게 부푼 모습을 본 적이 있지 않나요?

심해에도 스케일이 큰 블랙스왈로우어라는 생물이 있어요. 블랙스왈로우어는 튼튼하고 잘 늘어나는 위를 지녀 큰 먹잇감도 배에 담아 둘 수 있어요. 때로는 너무 많이 먹어 배가 늘어나, 안의 먹이가 비쳐 보이는 경우도 있어요. 먹을 게 적은 심해에서는 다음에 언제 식사를 할 수 있을지 알 수 없어요. 블랙스왈로우어는 무리하게라도 위 속에 먹이를 집어넣어 한동안 식사를 하지 않아도 살 수 있도록 진화한 거예요.

COLUMN — 짤막지식

먹이를 통째로 삼키는 심해어

스토미아스 보아도 먹이를 통째로 삼키는 물고기예요. 평소에는 평범하고 늘씬한 몸이지만, 식사를 마친 후에는 배가 크게 부풀죠.

QUIZ

Q. 블랙스왈로우어 이빨의 특징은?
① 안쪽을 향하고 있다
② 이빨이 둥글다
③ 하나밖에 없다

정답은 다음 페이지에

끈처럼 가늘다
시기우나기 (일본명)

서식 깊이
0 500 1000 1500 2000 2500 3000 (m)

희귀도 ★★★★★

200m~1000m
1001m~1500m
1501m~3000m
3001m~

긴 주둥이로 먹잇감을 붙잡는다

섬뜩한 거주
소

정답 ①안쪽을 향하고 있다 크게 열리는 입안에 안쪽을 향한 이빨이 있어 물리면 벗어날 수 없어요.

생물 데이터

이름	시기우나기	종족	뱀장어목 도요새장어과
서식 깊이	300~1,000m	서식지	세계 각지
몸길이	약 1.4m	좋아하는 것	새우류

시기우나기는 끈처럼 몸이 가는 생물이에요. 몸은 꼬리까지 더 늘씬해져 끝에는 실 정도로 가늘어지죠.
그리고 새의 주둥이처럼 길게 뻗은 입도 시기우나기의 큰 특징이에요. '엄청 불편할 것 같아', '그래서 그렇게 야윈 거야?'라고 생각할 법하지만, 이 입안에는 작은 이빨이 빽빽이 있어 좋아하는 새우의 더듬이를 걸기에 안성맞춤이에요.
참고로 시기우나기의 항문은 가슴지느러미 바로 밑에 있어요. '끈처럼 몸이 가늘다'고는 하지만, 실은 그 대부분이 꼬리예요. 어째서 이런 형태의 몸을 지니게 됐는지는 아직 수수께끼투성이에요.

COLUMN 짤막지식
시기우나기는 뱀장어

뱀장어목에 속하는 시기우나기는 일본에서 즐겨 먹는 일본뱀장어의 친척이에요. 일본뱀장어는 강이나 얕은 바다에서 사육할 수 있지만, 산란은 괌섬 부근의 심해에서 이루어져요.

QUIZ
Q. 시기우나기의 '시기'는 무슨 뜻인가요?
① 식물의 이름
② 도구의 이름
③ 새의 이름

정답은 다음 페이지에.

모두 저쪽을 보고 아~

큰입멍게

서식 깊이

0 500 1000 1500 2000 2500 3000 (m)

희귀도 ★★★★★

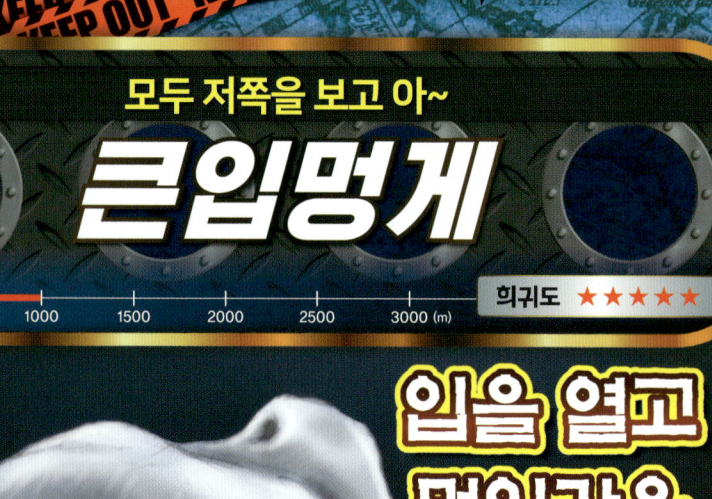

200m~1000m

1001m~1500m

1501m~3000m

3001m~

입을 열고 먹잇감을 기다린다

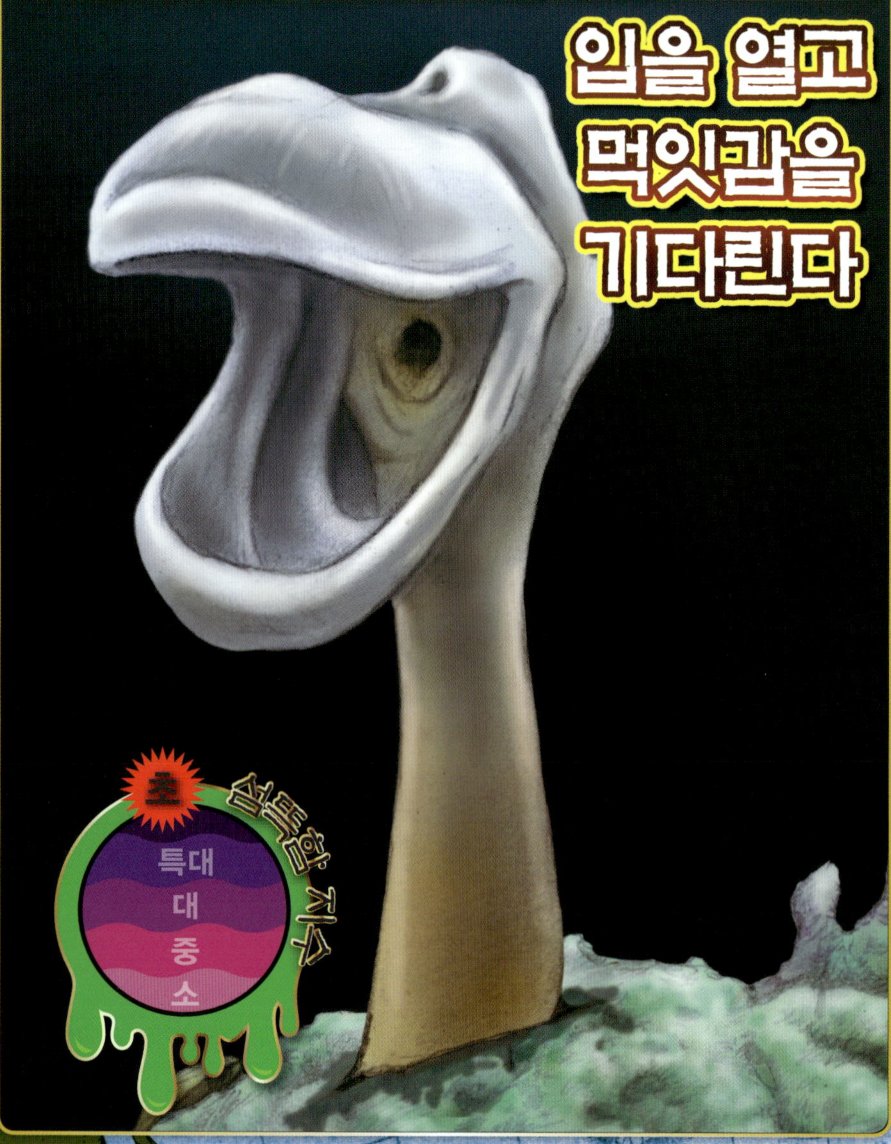

섬뜩함 지수

초

특대

대

중

소

정답 ③새의 이름 일본어 '시기'의 뜻은 '도요새'로, 가늘고 긴 주둥이를 지닌 도요목 도요과의 새예요.

생물 데이터

이름	큰입멍게
종족	무관해초목 옥타크네무스과
서식 깊이	300~1,000m
서식지	동해 연안, 태평양 등
몸길이	약 25cm
좋아하는 것	소형 플랑크톤

해저에 불쑥 솟은 커다란 입. 기묘한 생물이 많은 심해에서도 큰입멍게의 외양은 깜짝 놀랄 만큼 이상해요. 웃는 듯, 혹은 노래하는 듯 보이죠.

큰입멍게는 커다란 입(입수공)을 열어 플랑크톤 등이 들어오는 걸 기다려요. 그리고 먹잇감이 들어오면 입을 닫고 통째로 삼키죠. 멍게 중 드문 육식이며, 흘러들어 온 새우도 먹어치워요.

2000년 일본 도야마 만에서 조사했을 당시 세계 최초로 거대한 큰입멍게 군락이 발견되었어요. 큰입멍게 군락이 다 함께 먹이가 흘러들어 오는 방향을 향해 커다란 입을 벌리고 있었다고 해요.

▶ COLUMN
술안주로도 쓰이는 멍게

해초강 중에는 식용으로 쓰이는 멍게가 유명해요. 외양은 남쪽 나라의 과일 같지만, 회는 술과도 잘 어울린다고 해요.

짤막지식

QUIZ

Q. 큰입멍게의 영어 이름인 'Predatory tunicate'는 어떤 의미일까요?

① 포식하는 멍게
② 많이 먹는 멍게
③ 웃는 멍게

정답은 다음 페이지에.

해파리처럼 투명한 몸을 지닌 문어

망원경문어

서식 깊이: 0 – 500 – 1000 – 1500 – 2000 – 2500 – 3000(m)

희귀도 ★★★★★

200m~1000m
1001m~1500m
1501m~3000m
3001m~

생태도
해파리처럼

정답 ①포식하는 멍게. 'Predatory'는 포식하는, 'tunicate'는 멍게라는 의미예요.

생물 데이터

이름	망원경문어	종족	문어목 망원경문어과
서식 깊이	500~1,000m	서식지	태평양
몸길이	약 20cm	좋아하는 것	새우류, 게류

일본명은 '해파리문어'인 망원경문어는, 문어 같은 해파리? 해파리 같은 문어? 둘 다로 보이지만 정답은 후자예요. 망원경문어는 젤리 모양의 투명한 몸을 지닌 특이한 문어로서, 잘 보면 다리도 8개가 제대로 있어요. 눈이 눈에 띄는 건 해파리와의 큰 차이점이지만, 붉은 눈이 대롱 모양으로 옆을 향하고 있어 넓은 범위를 둘러볼 수 있어요. 그리고 망원경문어는 겉모습뿐 아니라 동작도 해파리와 닮았어요. 에너지를 절약하기 위해 다리를 위로 향한 채 해파리처럼 바다를 유영해요.

더 복잡한 건, 바다에는 문어를 닮은 해파리인 '문어해파리'도 있어요. 어느 쪽이든 상관없을 것 같지만, 제대로 기억해 두도록 해요.

COLUMN 짤막 지식

문어해파리는 어떤 생물인가요?

문어해파리는 문어처럼 8개의 다리를 지닌 해파리예요. 망원경문어의 일본명과 이름이 비슷하지만 겉모습은 전혀 닮지 않았어요. 심해가 아닌 얕은 바다에 서식해요.

QUIZ

Q. 다음 중 진짜 존재하는 생물은 무엇일까요?
① 매끈거미불가사리
② 너구리해파리
③ 여우게

정답은 다음 페이지에

벤텐어

17년 만에 잡힌 희귀 심해어

서식 깊이: 0 ~ 3000(m)

희귀도 ★★★★★

200m~1000m
1001m~1500m
1501m~3000m
3001m~

자랑하는 지느러미는 접이식

정답 ①매끈거미불가사리 문어 같은 팔을 지닌 거미불가사리과예요.

생물 데이터

이름	벤텐어	종족	농어목 새다래과
서식 깊이	0~200m	서식지	한국, 일본
몸길이	약 40cm	좋아하는 것	불명

2014년, 일본 도야마 만에서 벤텐어가 산 채로 잡혀 큰 화제가 됐어요. 벤텐어는 전국적으로 발견 사례가 적은 희귀한 심해어라 일본에서 잡힌 건 17년 만의 일이었어요. 그 모습이 텔레비전으로도 방송되었죠. 보시다피 벤텐어는 무심코 "저렇게 생겨도 되는 거야?"라고 물어보고 싶을 정도로 커다란 등지느러미와 가슴지느러미를 지니고 있어요. 지느러미를 펼쳐 몸을 세로로 크게 보이게 해 몸을 지키는 것이죠.

하지만 이 지느러미는 너무 커 수영을 방해해요. 그 때문에 벤텐어는 평소에는 지느러미를 접고 특징 없는 모습으로 생활하고 있어요. 등과 배에 홈이 있어 그곳에 지느러미를 접어 둘 수 있답니다.

COLUMN — 짤막지식
등지느러미와 꼬리지느러미가 발달한 날개새다래

날개새다래라는 물고기도 등지느러미와 꼬리지느러미가 발달했어요. 벤텐어 정도로 넓지는 않지만, 이 지느러미를 사용해 몸을 크게 보이게 할 수 있어요.

QUIZ
Q. 벤텐어의 '벤텐'은 무엇을 의미하는 걸까요?
① 발견자의 이름
② 칠복신 벤텐님
③ 일본 도쿠시마현에 있는 벤텐시

정답은 다음 페이지에

기~~~~~~~~~다란 해파리
프라야 두비아

서식 깊이: 0 — 500 — 1000 — 1500 — 2000 — 2500 — 3000 (m)

희귀도 ★★★★★

200m~1000m
1001m~1500m
1501m~3000m
3001m~

40m가 넘는 세계에서 가장 긴 동물

특대 / 대 / 중 / 소

정답 ②칠복신 벤텐님 칠복신은 일본의 7명의 행운의 신으로, 벤텐은 지식, 예술, 미, 음악의 신이에요.

생물 데이터

이름	프라야 두비아	**종족**	관해파리목 아이오이해파리과(일본명)
서식 깊이	표층~1,000m	**서식지**	태평양, 대서양, 인도양 등
몸길이	약 40m	**좋아하는 것**	플랑크톤

심해에는 터무니없이 몸이 긴 해파리가 존재해요. 바로 세계에서 가장 긴 동물로 일컬어지는 프라야 두비아예요. 프라야 두비아의 몸길이는 40m 이상에 달하며 이는 세계에서 가장 큰 동물인 흰수염고래(최대 약 34m)도 범접할 수 없어요.

해파리라고 하면 바다를 유영하는 이미지지만, 프라야 두비아는 무려 수영이 특기예요. '영종(泳鐘)'이라 불리는 두 덩어리를 매우 빠르게 진동해 추진력을 얻어 수영할 수 있어요.

배가 고프면 초록빛을 발해 좋아하는 플랑크톤을 유인한 후, 길고 투명한 촉수로 붙잡아 포식한다고 해요.

COLUMN 짤막 지식

관해파리가 만드는 '군체'는 무엇인가요?

관해파리종은 군체를 만드는 것이 특징이에요. 하나의 수정란으로부터 먹고, 헤엄치고, 공격하는 등 서로 다른 기능을 지닌 개체가 태어나고 그들이 모여 하나의 생물이 돼요.

QUIZ

Q. 다음 중 세계에서 가장 크다고 일컬어지는 물고기는 무엇인가요?

① 고래상어
② 개복치
③ 피라루쿠

정답은 다음 페이지에

목숨을 건 프러포즈
케라티아스 홀보엘리

서식 깊이
0　500　1000　1500　2000　2500　3000(m)

희귀도 ★★★★★

암컷을 덥석 물어 한 몸이 된다고?

정답 ①고래상어　물고기 중 최대 13m에 달하는 고래상어가 가장 커요.

생물 데이터

이름	케라티아스 홀보엘리	종족	아귀목 케라티아스과
서식 깊이	200~700m	서식지	세계 각지
몸길이	약 120cm (암컷)	좋아하는 것	불명

케라티아스 홀보엘리 암컷은 120cm 정도로 성장하지만, 수컷은 겨우 10cm 정도밖에 안 돼요. 그럼 이 암컷과 수컷은 어떻게 자손을 남기는 걸까요?

케라티아스 홀보엘리는 암컷을 발견하면 갑자기 배 부근을 물어요. 인간 세상에서는 바로 경찰에 연행됐겠지만, 이것이 케라티아스 홀보엘리의 프러포즈예요.

그리고 수컷은 그대로 암컷과 융합해, 한 몸이 돼요. 뇌는 퇴화하고 내장도 없어져 남은 건 생식 능력뿐이에요. 암컷으로부터 신호가 오면 수컷은 정자를 내보내고 역할이 끝나요. 심해는 암컷과 수컷이 거의 만나지 못하는 어둑한 세계예요. 몇 없는 기회를 놓치지 않기 위해 수컷 케라티아스 홀보엘리는 목숨을 걸고 자손을 남기는 것이죠.

COLUMN — 짤막 지식
암컷과 일체화되는 트리플워트 씨데빌

수컷 트리플워트 씨데빌도 케라티아스 홀보엘리와 비슷한 일생을 보내요. 그들처럼 암컷보다 극단적으로 작은 수컷을 '왜웅'이라 불러요.

QUIZ

Q. 일본명 '비파아귀'에서 '비파'의 유래는 무엇일까요?
① 악기   ② 과일   ③ 호수

정답은 다음 페이지에

물고기지만 수영이 서툴러
긴촉수매퉁이

서식 깊이
0 500 1000 1500 2000 2500 3000 (m)

희귀도 ★★★★★

배지느러미와 꼬리지느러미로 해저에 서 있다

200m~1000m
100m~1500m
150m~3000m
300m~

정답 ①악기 비파라는 악기를 닮은 것으로부터 이름이 붙여졌어요.

생물 데이터

- **이름**: 긴촉수매퉁이
- **종족**: 홍메치목 긴촉수매퉁이과
- **서식 깊이**: 500~1,000m
- **서식지**: 태평양, 인도양
- **몸길이**: 약 25cm
- **좋아하는 것**: 소형 플랑크톤

모두 잘 알고 있는 참치는 계속 헤엄치지 않으면 호흡이 멈춰 죽고 말아요. 그 때문에 그들은 평생 잠드는 일 없이 계속 헤엄치죠.

긴촉수매퉁이는 그런 힘든 생각을 하고 있는 참치와는 정반대에 해당하는 생물이에요. 긴촉수매퉁이는 헤엄을 치기는커녕 배지느러미와 꼬리지느러미를 사용해 해저에 서 있습니다. 먹잇감을 붙잡는 건 좌우 일곱 개의 가슴지느러미이고, 헤엄칠 순 없어요. 나무늘보처럼도 보이지만 에너지를 조금이라도 절약해야 하는 심해에서는 이런 생활 방식도 있는 것이죠. 하지만 설 순 있어도 안정감이 별로 없어요. 그 때문에 물의 흐름이 거센 장소에선 살 수 없답니다.

COLUMN 짤막지식

그 밖의 서 있는 물고기

세발치도 해저를 걷는 물고기예요. 배지느러미와 꼬리지느러미를 사용해 걷는 건 긴촉수매퉁이도 마찬가지지만 세발치의 지느러미는 길고, 최대 1m에 달해요.

QUIZ

Q. 긴촉수매퉁이의 별명은?
① 사다리 물고기
② 삼각 물고기
③ 그루터기 물고기

정답은 다음 페이지에

뼈에 피는 심해의 꽃
오세닥스 자포니쿠스

생물 데이터

이름	오세닥스 자포니쿠스	**종족**	꽃갯지렁이목 시보글리니대과	
서식 깊이	200~250m	**서식지**	일본	
몸길이	약 9mm (암컷)	**좋아하는 것**	고래 뼈	

커다란 고래의 사체는 곧 심해에 가라앉아 많은 생물의 먹이가 돼요. 고기와 내장은 물론 뼈도 허투루 버려지지 않죠.

오세닥스 자포니쿠스는 고래의 사체에서 발견된 갯지렁이 종이에요. '뼈를 먹는 화충류'라고도 해요. 마치 꽃처럼 고래 뼈에 뿌리를 내리고 영양분을 흡수하며 살아가요. 그 때문에 그들은 입과 소화 기관, 항문도 없어요.

뼈에서 뻗어 나온 건 그들의 아가미예요. 영양분을 흡수하는 건 가능해도 뼛속에서 호흡하는 건 역시나 어렵겠죠. 참고로 그들처럼 고래의 사체에 모이는 생물을 '경골(고래 뼈) 생물 군집'이라 불러요.

COLUMN — 짤막지식

매우 작은 수컷 오세닥스 자포니쿠스

암컷도 꽤 작지만 수컷 오세닥스 자포니쿠스는 더 작아요. 현미경을 사용하지 않으면 관찰할 수 없을 정도의 크기예요.

QUIZ

Q. 고래의 뼈는 얼마 동안 심해에 남아 있나요?
① 1년 ② 5년
③ 10년 이상

정답은 다음 페이지에

별 사탕 같다

가쿠가쿠교(일본명)

서식 깊이

0 500 1000 1500 2000 2500 3000 (m)

희귀도 ★★★★★

200m~1000m

1001m~1500m

1501m~3000m

3001m~

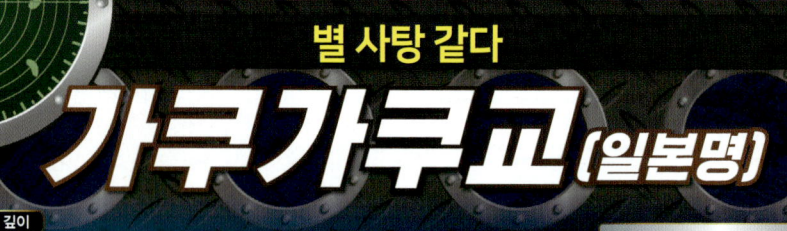

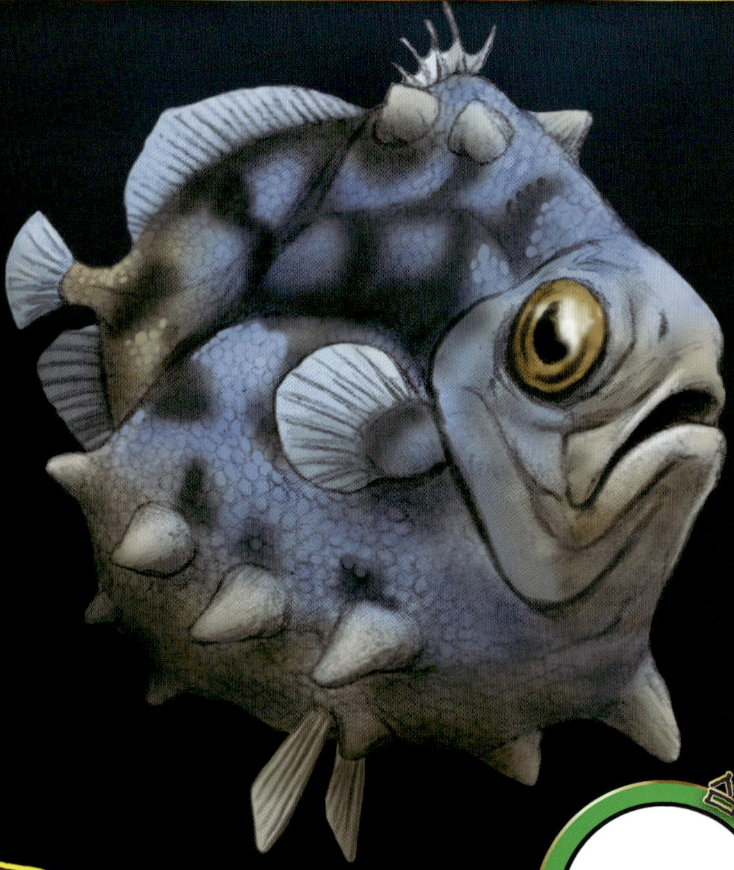

바들바들하는 건 새끼 때뿐이에요

섬뜩함 지수

중

소

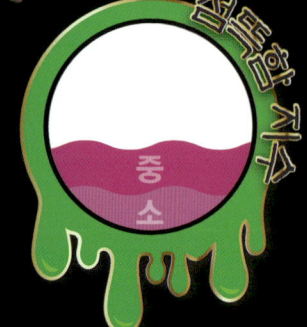

정답 ③10년 이상 고래의 뼈는 몇십~몇백 년이나 심해에 남아 있을 수 있다고 해요.

생물 데이터

이름	가쿠가쿠교		종족	달고기목 남방달고기과
서식 깊이	600~820m		서식지	남아프리카, 호주 등
몸길이	약 20cm		좋아하는 것	불명

생물의 이름은 겉모습 등으로 지어지는 경우가 많아요.
밤송이를 닮은 밤송이게, 눈이 망원경처럼 보이는
망원경문어. 알기 쉽고, 외우기도 쉬워요. 가쿠가쿠교도 그
겉모습으로부터 '오들오들물고기'라는 별명이 붙여졌어요.
보시다시피 가쿠가쿠교는 몸을 매우 부르르 떨고 있답니다.
그들의 배와 등에 있는 가시(혹)는 모두 20개 이상에 달해요.
어째서 그런 건지는 불명이지만, 아마도 가시로 몸을
보호하는 걸 거예요.
하지만 이 가시는 성체가 되면 전부 없어져요. 이름만
미묘하게 눈에 띄는 별로 특징 없는 물고기로 자라게 되죠.

COLUMN 짤막지식

눈이 큰 남방달고기과

가쿠가쿠교는 눈이 큰 게 특징이에요.
그들이 속한 남방달고기과는 그
대부분이 심해에 서식하며 모두
커다란 눈을 지녔어요.

QUIZ

Q. 다음 중 실제로 존재하는 생물은 어느 것일까요?
① 반짝송편게
② 미끈송편게
③ 매끈이송편게

정답은 다음 페이지에

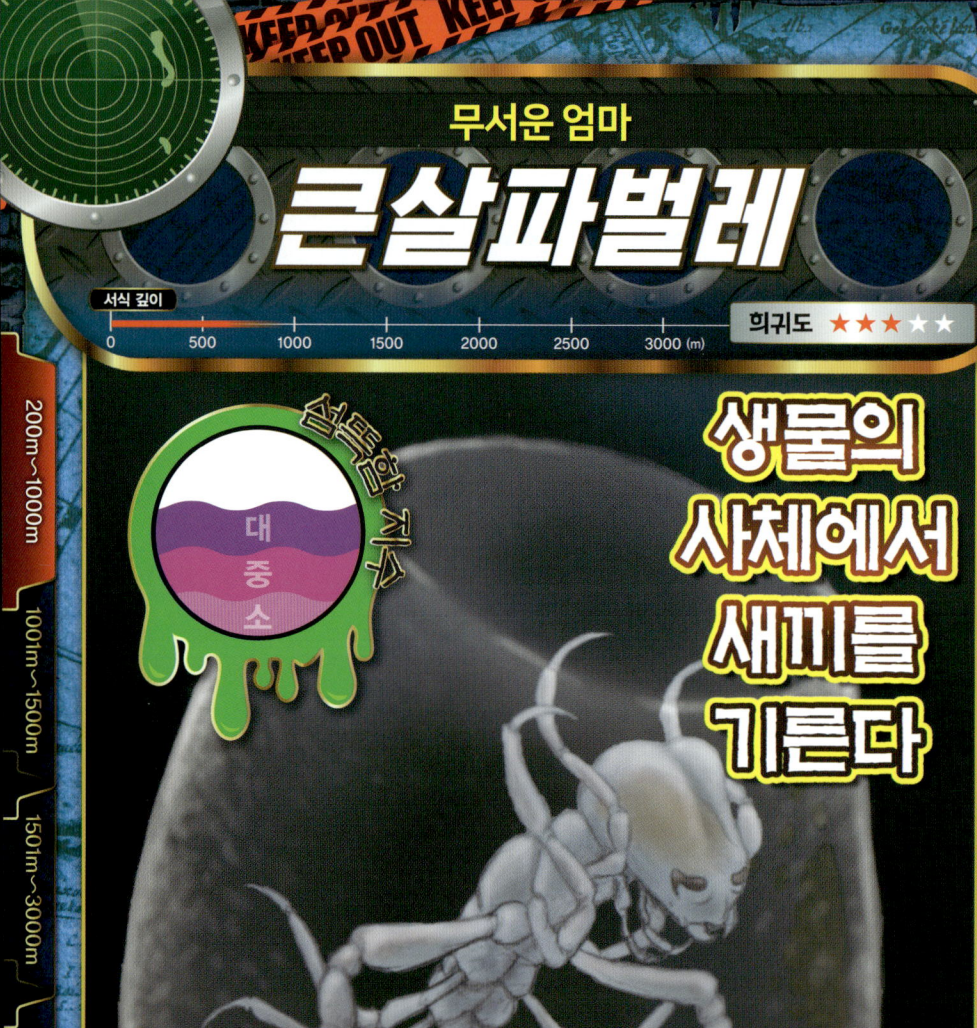

생물 데이터

이름	큰살파벌레	**종족**	단각목 살파벌레과
서식 깊이	0~수백 m	**서식지**	세계 각지
몸길이	약 3cm	**좋아하는 것**	살파

마을 안을 걷다 보면 어느 집 어머니가 유모차를 미는 모습이 보일 때가 있어요. 실로 웃음 지어지는 평화로운 광경이죠. 심해에도 큰살파벌레라는 유모차를 미는 생물이 있어요. 하지만 그 모습으로는 전혀 웃음이 지어지지 않아요. 왜냐하면 그들이 미는 유모차는 살파라는 생물의 투명한 사체거든요.
큰살파벌레는 살파 안을 도려내듯 먹어요. 그 결과 바깥쪽만이 남으면 이것을 이용해요. 안에 들어가 자신의 몸을 지키는 종이 있고, 안에 알을 낳는 종도 있어요. 그리고 새끼를 기르는 와중에는 밖으로 나와 유모차를 밀듯 이동해요.

COLUMN — 짤막지식
살파는 어떤 생물인가요?

살파는 큰입멍게와 같은 미삭동물이에요. 몸은 투명하고 플랑크톤을 영양분으로 삼죠. 개체들끼리 이어져 하나의 커다란 살파를 이뤄요.

QUIZ
Q. 남은 살파 껍질은 마지막에 어떻게 될까요?
① 버려진다
② 새끼가 먹는다
③ 부모가 먹는다

정답은 다음 페이지에

400살까지 사는 상어
그린란드상어

서식 깊이: 0 ~ 500 ~ 1000 ~ 1500 ~ 2000 ~ 2500 ~ 3000(m)

희귀도 ★★★★★

장수의 비결은 슬로 라이프

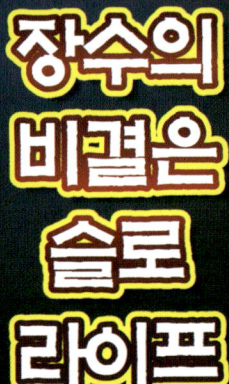

200m~1000m
1001m~1500m
1501m~3000m
3001m~

초특대 / 특대 / 대 / 중 / 소

정답 ②새끼가 먹는다   새끼는 남은 살파를 먹고 성장해요. 먹이를 허투루 하지 않는 경제적인 생물이에요.

생물 데이터

이름	그린란드상어	종족	돔발상어목 잠꾸러기상어과
서식 깊이	200~600m	서식지	대서양 북부, 북극해
몸길이	약 7m	좋아하는 것	어류, 오징어류, 게류

그린란드상어는 '세계에서 가장 굼뜬 상어'는 물론 '세계에서 가장 굼뜬 물고기'로 불리는 상어예요. 그들이 헤엄치는 속도는 무려 평균 시속 약 1km죠. 이는 초등학생이 걷는 속도보다도 느려요.

그린란드상어는 북극해 등의 저수온 바다에 살아요. 수영이 느린 건 찬물에 의해 근육의 움직임이 느려졌기 때문인 것으로 여겨져요.

그리고 그린란드상어는 매우 장수하는 생물로도 알려져 있어요. 대형 개체는 400년 이상 살 수 있을 거라고 예상돼요. 느긋하고 편안하게 생활하죠. 장수의 비결은 인간도 상어도 마찬가지일지 몰라요.

COLUMN

바다표범을 먹는 그린란드상어

그린란드상어의 위 안에서 바다표범이 발견된 적이 있어요. 헤엄치는 속도는 따라잡을 수 없기 때문에 분명 잠들어 있는 개체를 습격한 것으로 여겨지고 있어요.

짤막 지식

QUIZ

Q. 그린란드상어의 또 하나의 특징은 무엇일까요?
① 독이 있다
② 날치처럼 하늘을 난다
③ 육지에서도 살 수 있다

정답은 92페이지에

COLUMN
칼럼

먹어 볼래?

심해 생물은 먹을 수 있나요?

일본인은 어패류를 매우 좋아해요. 스시, 사시미, 구운 생선 등…….

일본의 식생활과 어패류는 떼려야 뗄 수 없는 관계예요. 그리고 일본인이 먹고 있는 어패류 중에는 어둡고 추운 심해에서 잡은 것도 있죠.

빛금눈돔이 그 대표적인 예예요. 빛금눈돔의 서식 영역은 수심 100~800m죠. 다 자란 물고기는 수심 200m 이하의 심해에서 생활하는 경우가 대부분이에요. 빛금눈돔은 조림이나 생선회가 인기 많고, 일본 안에서만으로는 어획량이 부족해 해외에서 수입하기도 해요.

표층~수심 560m에 사는 황아귀는 고급 식재료로 유명해요. 겨울에 맛있는 아귀 전골에 쓰이는 것도 황아귀이며, 살이 부드럽고 외양으로부터는 상상할 수 없는 고급스러운 맛이 나요. 또 아귀는 살뿐만 아니라 간이나 위, 아가미 등도 맛있어 '먹을 수 없는 곳이 없는 물고기'로도 알려져 있어요.

◀우무문어.
서식 깊이는
200~1,060m

식탁에 오르는
빛금눈돔이나
남방젓새우도 실은
심해에 사는
생물이에요!

사진/Shutterstock

새우 중에는 남방젓새우와 단새우도 심해에 사는 종이에요. 단새우는 정식 명칭으로 '북쪽분홍새우'로 불리며, 어렸을 적에는 수컷으로 보내다가 5살 경 암컷으로 성전환해요. 스시나 생선회로 먹는 건 몸집이 큰 암컷이고, 수컷은 새우 전병 등의 재료가 돼요.

하지만 이들은 특이한 사례고, 대부분의 심해 생물은 식용으로 적합하지 않아요. 특히 심해 깊이 사는 심해어는 높은 수압에 견디기 위해 수분으로 흐물흐물해져 먹기 불편해요.

제 2 장
상부 점심층

1,001M - 1,500M

수심 1,001m~3,000m는
'점심층'이라 불리며, 더 잘게 나누면
1,001m~1,500m를 '상부 점심층'이라
불러요. 이 층에는 상어 중 인기가 많은
주름상어와 가장 유명한 심해어 중 하나인
초롱아귀가 있어요!

지금도 살아 있는 고대 상어

주름상어

서식 깊이: 0 ~ 3000(m)

희귀도 ★★★★★

다른 이름은 장어상어!

200m~1000m
1001m~1500m
1501m~3000m
3001m~

정답 ①독이 있다. 백상아리 등에게 공격받지 않는 건 이 때문인 것으로 알려져 있어요.

생물 데이터

이름	주름상어	**종족**	신락상어목 주름상어과
서식 깊이	120~1,500m	**서식지**	세계 각지
몸길이	약 2m	**좋아하는 것**	오징어류

주름상어는 신락상어목에 속하는 상어의 한 종이에요. 하지만 외양은 장어보다 가늘고 길며, 다른 상어와는 꽤 다르죠. 또 대부분의 상어가 좌우 다섯 개의 아가미를 지녔지만, 주름상어는 여섯 개의 아가미를 지녔어요. 세 갈래로 나뉜 이빨도 독특해요.

실은 주름상어는 공룡 시대 때도 존재했던 고대 상어로서, 그 당시부터 거의 모습이 바뀌지 않았어요. 약 3억 5,900만 년 전 데본기 지층에서도 주름상어를 아주 닮은 상어 화석이 발견됐죠.

아가미 덮개가 마치 프릴처럼 보인다고 해서 영어권에서는 'Frilled shark'라고 불러요.

COLUMN — 짤막 지식

주름상어를 닮은 고대 상어 클라도셀라케

클라도셀라케는 고생대 데본기에 서식했다고 여겨지는 원시 상어예요. 입이 끝에 달려 있고 보통 상어보다 아가미가 많은 점 등이 주름상어와 닮았어요.

QUIZ

Q. 주름상어의 임신 기간은 어떻게 될까요?
① 3개월 ② 1년 반
③ 3년 반

정답은 다음 페이지에

이렇게 멋있어졌어요
퍼시픽 블랙드래곤

서식 깊이 0 500 1000 1500 2000 2500 3000(m)

희귀도 ★★★★★

유아기

새끼와 성체가 모습이 다르다

200m~1000m
1001m~1500m
1501m~3000m
3001m~

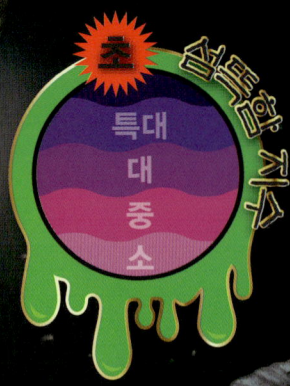
초 특대 대 중 소
섬뜩한 검은

정답 ③3년 반 인간은 약 10개월, 포유류 중에는 코끼리의 21개월이 최대예요.

94

생물 데이터

이름	퍼시픽 블랙드래곤	**종족**	앨퉁이목 앨퉁이과
서식 깊이	400~1,500m	**서식지**	북태평양
몸길이	약 50cm (암컷)	**좋아하는 것**	어류

새카만 몸에 위험한 눈매. 크게 열린 입속에 예리한 이빨이 주르륵 늘어서 있어 매우 공격력이 높아 보여요. 수염 끝에는 발광 기관이 있어 먹잇감을 유인할 수도 있어요.

하지만 이 쿨한 퍼시픽 블랙드래곤도 새끼일 때는 콩나물이 둥둥 떠 있는 것처럼 보일 뿐이에요. 가느다란 몸 끝에 두 개의 눈이 크게 튀어나와 있어, 꺾이지 않을까 걱정될 정도예요.

모습이 너무 다르기 때문에 퍼시픽 블랙드래곤의 성체와 새끼는 예전엔 다른 종으로 여겨졌었어요. 이 둘을 비교하면 그것도 충분히 이해가 되는 이야기죠.

COLUMN — 짤막지식

장어도 성체와 새끼일 때 모습이 다르다

자주 보는 장어와 붕장어도 새끼일 때는 투명하고 가늘고 긴 잎사귀 같은 모습을 지녀요. 이를 '댓잎장어'라고 불러요.

QUIZ

Q. 수컷 퍼시픽 블랙드래곤은 길이가 어느 정도인가요?
① 10cm ② 30cm
③ 70cm

정답은 다음 페이지에

기네스 기록을 지닌 심해 생물

기간토키프리스

서식 깊이: 0 500 1000 1500 2000 2500 3000 (m)

희귀도 ★★★☆☆

모든 빛을 감지!

200m~1000m
1001m~1500m
1501m~3000m
3001m~

섬뜩한 거수
소

정답 ①10cm 어른과 새끼뿐 아니라 퍼시픽 블랙드래곤은 암컷과 수컷도 모습이 크게 달라요.

생물 데이터

이름	기간토키프리스	**종족**	근병목 갯반디과
서식 깊이	수백~천 수백 m	**서식지**	남극해
몸길이	약 3cm	**좋아하는 것**	플랑크톤

기간토키프리스의 '기간토'에는 '거인'이라는 의미가 들어 있어요. 기간토키프리스는 최대 3cm 정도밖에 안 되지만, 그들을 포함하는 종은 몇 mm 정도인 경우가 대부분이라, 이래 봬도 꽤 큰 거죠.

기간토키프리스의 가장 큰 특징은 껍질 안에 있는 전구처럼 커다란 눈이에요. 이 눈은 놀라울 만큼 빛을 잘 모아 그 높은 성능이 기네스북에도 오른 적이 있어요. 기네스가 인정한 세계에서 가장 빛을 잘 모으는 눈이죠.

그리고 기간토키프리스는 먹잇감을 발견하면 다리를 노 젓듯 헤엄쳐요.

COLUMN 짤막 지식
기간토키프리스의 생각지 못한 약점

기간토키프리스의 눈은 성능이 너무 좋아 강한 빛에 약해요. 요각류 가우시아 프린셉스가 내뿜는 빛을 받으면 혼란에 빠져 취한 듯한 움직임을 보여요.

QUIZ
Q. 기간토키프리스는 알을 어디에 숨길까요?
① 해저의 바위틈
② 자신의 몸 안
③ 해파리의 몸 안

정답은 다음 페이지에

전기를 감지하는 '고블린 상어'
마귀상어

서식 깊이: 0 ~ 1500 (m)
희귀도: ★★★★☆

잇몸도
튀어나오고
턱도
튀어나오고

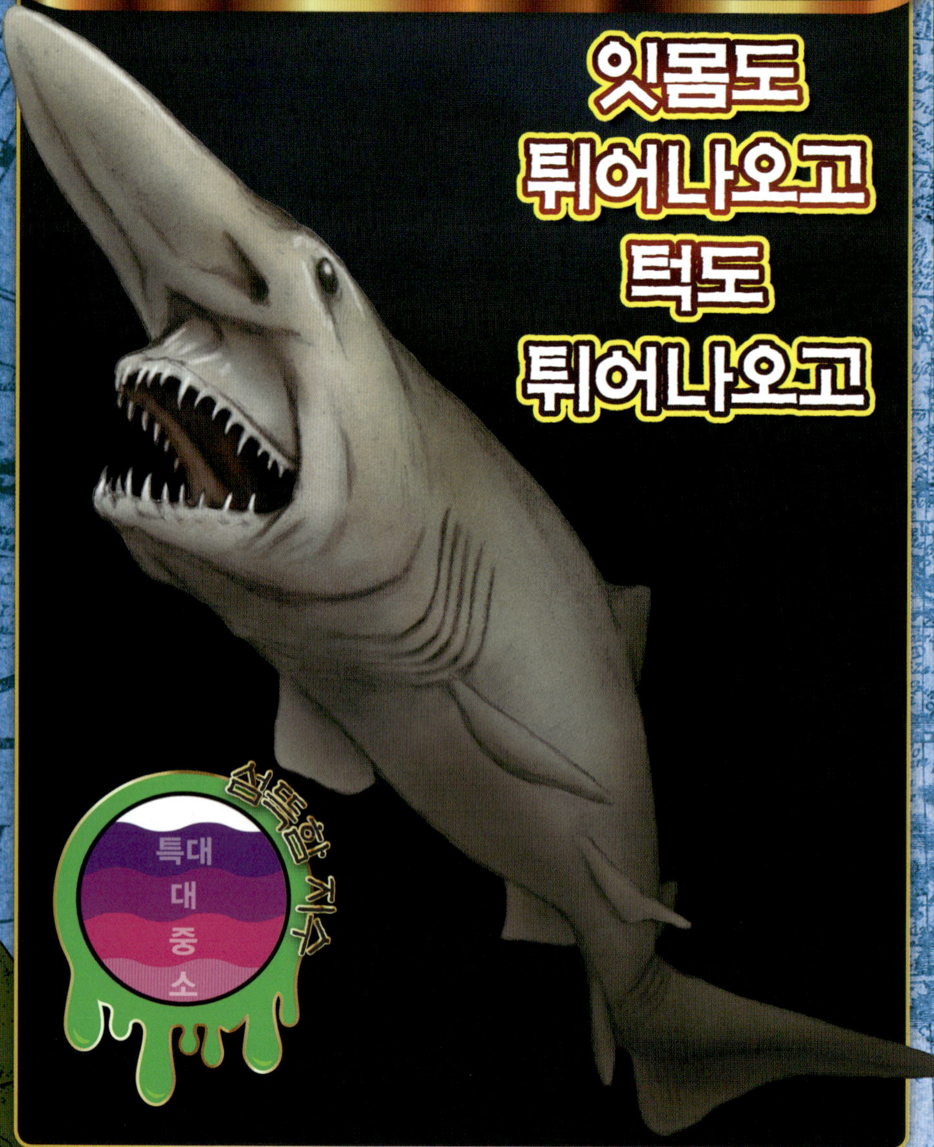

200m~1000m
1001m~1500m
1501m~3000m
3001m~

특대 / 대 / 중 / 소

정답 ②자신의 몸 안 자신의 몸 안에 알을 보관해 적으로부터 지켜요.

생물 데이터

이름	마귀상어	**종족**	악상어목 마귀상어과
서식 깊이	400~1,300m	**서식지**	태평양, 인도양 등
몸길이	약 5m	**좋아하는 것**	어류, 새우류, 게류 등

앞으로 크게 돌출된 잇몸. 먹잇감을 공격할 때 툭 튀어나온 턱. 마귀상어는 그 무서운 외관 때문에 영미권에서는 '고블린 상어(악마 상어)'라고도 불리고 있어요.

퉁소상어와 마찬가지로 마귀상어도 주둥이 밑에서 전기를 감지할 수 있어요. 먹잇감이 내보내는 전기를 바탕으로 사냥하죠.

예전에 어떤 심해에 방치되었던 해저 케이블이 절단되어 고장을 일으킨 사고가 있었어요. 케이블을 조사해 본 결과 전기가 흐르던 케이블을 먹잇감으로 착각해 물어뜯은 것으로 밝혀졌어요.

COLUMN

짤막지식

'미츠쿠리(마귀상어의 일본명 : 미츠쿠리상어)'의 이름을 지닌 생물

미츠쿠리상어의 '미츠쿠리'는 일본 헤이안 시대의 동물학자인 미츠쿠리 가카치의 이름을 딴 것이라고 해요. 미츠쿠리 박사의 이름은 그밖에도 미츠쿠리 새우 등에 쓰이고 있어요.

QUIZ

Q. 마귀상어의 최장 사육 기간 기록은?
① 16일
② 354일
③ 1287일

정답은 다음 페이지에

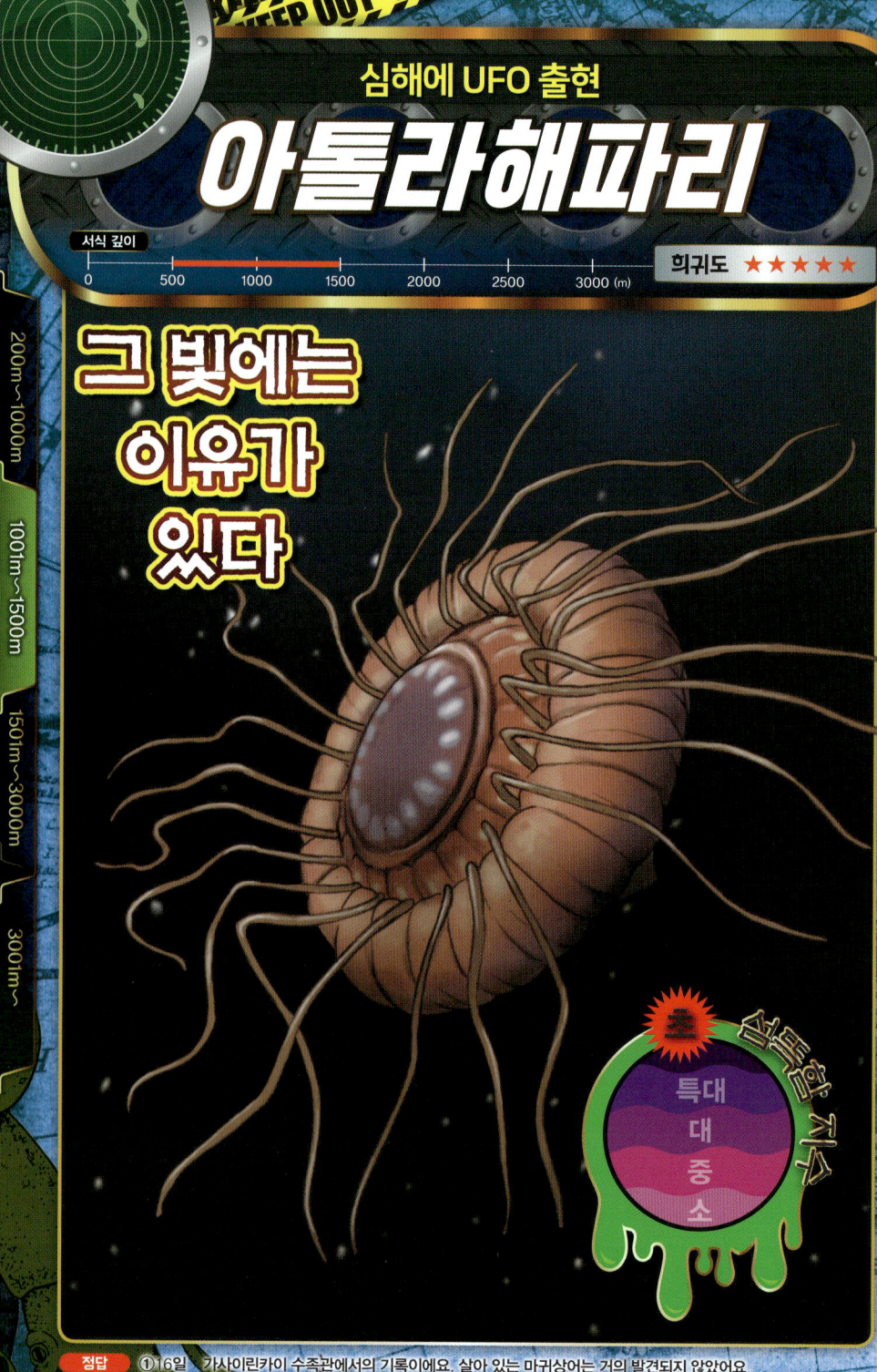

생물 데이터

이름	아톨라해파리	종족	관해파리목 히라타카무리해파리과(일본명)
서식 깊이	500~1,500m	서식지	동해, 지중해, 북극해를 제외한 세계 모든 바다
몸길이	약 15cm	좋아하는 것	플랑크톤

심해와 우주는 몇 가지 공통점이 있어요. 가기 어렵다는 것, 수수께끼가 많다는 것, 그리고 UFO가 있다는 것이죠. 아톨라해파리는 아무리 봐도 심해에 출현한 UFO로밖에 보이지 않아요.

아톨라해파리는 발광하는 이유도 상식 밖이에요. 적을 만났을 때 발광하는 생물은 그밖에도 있지만, 대부분이 빛에 의한 눈가림을 노린 것이죠. 적을 놀라게 하고, 그 사이에 도망치기 위해 쓰여요.

하지만 아톨라해파리의 빛은 적보다 큰 포식자를 유인해, 그 포식자가 적을 먹게끔 하는 의미가 있다고 해요. 넓은 심해에서 얼마나 효과가 있을지는 알 수 없지만, 아이디어는 감동할 만해요.

COLUMN

짤막 지식

심해 생물의 대부분이 발광한다

대부분의 심해 생물은 발광할 수 있어요. 아톨라해파리 같은 예는 특수한 경우이고, 대체로는 먹이를 유인하거나 적의 눈을 가리거나, 배우자를 찾기 위해 써요.

QUIZ

Q. 해파리는 한자로 어떻게 쓸까요?
① 해화(海花)
② 해홍(海虹)
③ 해월(海月)

정답은 다음 페이지에.

생물 데이터

이름	미스지오쿠메우오		종족	첨치목 아피오누스과
서식 깊이	400~1,500m		서식지	일본, 남아프리카 등
몸길이	약 18cm		좋아하는 것	불명

미스지오쿠메우오는 눈이 퇴화해 피부밑에 파묻혀 있는 것이 가장 큰 특징이에요. 개체에 따라서는 눈이 없어진 것도 있다고 해요.

하지만 미스지오쿠메우오가 서식하는 건 태양 빛이 거의 닿지 않는 심해 1,000m 부근이에요. 그들로서는 '어차피 어두워서 보이지 않는데, 눈 따위 딱히 필요 없어.'와 비슷한 느낌이겠죠. 그 대신 물의 진동을 감지할 수 있는 옆줄과 우수한 후각을 지녀, 이들을 사용해 먹잇감을 찾아내요.

미스지오쿠메우오는 일본 근해에도 서식하는 것으로 알려져 있지만, 세계적으로 봐도 발견 사례가 많지 않아요. 매우 희귀한 심해어죠.

COLUMN — 짤막지식

눈이 작은 아피오누스과

미스지오쿠메우오는 아피오누스과에 속하는 어류예요. 이 과에는 약 20가지 종이 있는데, 역시나 모두 눈이 매우 작아요.

QUIZ

Q. 미스지오쿠메우오의 몸은 어떤 감촉일까요?
① 말랑말랑   ② 꺼칠꺼칠
③ 딱딱

정답은 다음 페이지에

생물 데이터

이름	우무문어	**종족**	문어목 우무문어과
서식 깊이	200~1,060m	**서식지**	일본
몸길이	약 20cm (전체 폭)	**좋아하는 것**	갑각류

귀여운 외관 덕분에 심해의 아이돌 같은 존재로 사랑받고 있는 우무문어. 눈 위에 있는 귀 같은 부분은 지느러미이고, 방향 전환을 위해 쓰여요.

우무문어는 다른 문어처럼 먹물을 뿜는 것도, 빠르게 헤엄치는 것도, 팔을 복잡하게 움직이는 것도 불가능해요. 하지만 에너지가 되는 먹이가 부족한 심해에서는 이 정도의 저에너지가 오히려 적당하죠.

또, 몸이 매우 부드러운 것이 특징이라 물 위로 올라오면 퉁퉁 부풀고 말아요. 지금은 귀여워 인기 만점인 문어지만, 수중 촬영 기술이 발달하기 전까지는 슬라임처럼 기괴한 모습으로 도감에 실리는 경우도 많았어요.

COLUMN — 짤막 지식

우무문어는 먹을 수 있나요?

먹을 수 없는 건 아니지만 식용으로 적합하지는 않아요. 독특한 냄새가 다른 물고기에 묻는 경우도 있으며, 그물에 걸려도 곧 폐사해 버려져요.

QUIZ

Q. 우무문어를 붙잡기에 적합한 도구는?
① 젓가락 ② 국자 ③ 포크

정답은 다음 페이지에

시한폭탄의 사용법
가우시아 프린셉스

서식 깊이: 0 ~ 3000(m), 표시 1000 부근

희귀도 ★☆☆☆☆

체액이 2초 후에 폭발한다

200m~1000m
1001m~1500m
1501m~3000m
3001m~

섭취할 거시: 소

정답 ②국자 몸이 매우 부드러워 조사용으로 포획할 때 국자 같은 도구를 사용해요.

생물 데이터

이름	가우시아 프린셉스	종족	칼라누스목 메트리디아과
서식 깊이	1,000m 부근	서식지	세계 각지
몸길이	약 12mm	좋아하는 것	동물성 플랑크톤

가우시아 프린셉스는 수심 1,000m 부근에 서식하는 작은 플랑크톤이에요. 몸은 겨우 12mm 정도이며, 적절한 공격법을 지니진 않았어요.
그런 가우시아 프린셉스도 방어에 있어서는 초일류예요. 가우시아 프린셉스는 적에게 공격받을 것 같으면 파랗게 빛나는 액체를 몸에서 레이저처럼 발사해요. 그것만으로도 SF 영화처럼 멋있지만, 가장 멋있는 건 그 후에 나타나죠. 이 레이저는 발사된 후 약 2초 후에 불꽃처럼 폭발해요. 어둠 속에서 갑작스레 강한 빛을 본 적은 당황해 혼란에 빠지죠. 가우시아 프린셉스는 그 틈을 이용해 도망쳐요.

COLUMN 짤막 지식
체액이 시간차로 빛나는 이유

가우시아 프린셉스의 체액은 바다 속의 나트륨 이온이라는 물질과 반응해 빛나요. 하지만 발사한 지 얼마 안 된 체액은 움직임이 빨라 반응하기 어려워요.

QUIZ

Q. '프린셉스'는 어떤 의미일까요?
① 하인 ② 경호원
③ 리더

정답은 다음 페이지에

생물 데이터

이름	돗란도어	종족	홍메치목 란도어과
서식 깊이	900~1,400m	서식지	서태평양과 동태평양, 서대서양과 동대서양의 온대 해역
몸길이	약 1~2m	좋아하는 것	아무거나

심해 생물이라고 하면 눈에 잘 띄지 않는다는 이미지지만, 돗란도어는 의외로 친숙한 존재예요. 밤에 바닷가로 올라오는 경우도 자주 있어요. 하지만 몸이 물렁물렁해 식용으로는 적합하지 않아요.

돗란도어는 아무거나 잘 먹어요. 입에 들어오는 크기라면 오징어든, 해파리든 관계없이 통째로 삼키고, 때로는 같은 종도 잡아먹어요. 돗란도어를 조사하던 와중에 위에서 평균 20종의 생물이 발견됐다는 이야기도 있을 정도예요. 그리고 돗란도어의 위에서 비닐봉지나 플라스틱이 발견되는 경우도 많아요. 무엇이든 통째로 삼키는 돗란도어는 바다가 얼마나 더럽혀졌는지도 몸소 알리고 있는 셈이죠.

COLUMN — 짤막지식

돗란도어의 위 속에서 발견된 오징어

돗란도어의 위에서 물고기나 오징어가 원형 그대로 발견되는 경우도 많아요. 안에는 돗란도어의 위에서 처음 발견된 돗란도어오징어라는 오징어도 있었어요.

QUIZ

Q. 다음 중 진짜 존재하는 생물은?
① 가짜돗란도어
② 눈속임돗란도어
③ 호러돗란도어

정답은 다음 페이지에

귀여운 귀가 매력 포인트

그림포테우티스

서식 깊이
0 500 1000 1500 2000 2500 3000 (m)

희귀도 ★★★☆☆

별명은
'덤보 문어'

200m~1000m
1001m~1500m
1501m~3000m
3001m~

소

정답 ②눈속임돗란도어(일본명) 돗란도어를 닮았지만, 특징 있는 커다란 등지느러미가 없어요.

생물 데이터

이름	그림포테우티스	**종족**	문어목 우무문어과
서식 깊이	500~1,380m	**서식지**	동태평양 등
몸길이	약 10cm	**좋아하는 것**	새우류, 게류

그림포테우티스는 우무문어와 마찬가지로 문어목 우무문어과에 속하는 종이에요. 귀처럼 보이는 지느러미는 우무문어보다 커 그 모습 덕분에 '덤보 문어'라고 불리기도 해요.

그림포테우티스는 지느러미를 팔랑팔랑 움직이며 바닷속을 헤엄쳐요. 그 모습이 귀를 날갯짓해 비행하는 것처럼 보여 그야말로 덤보 같죠.

그림포테우티스의 팔은 반 정도까지 막으로 이어져 있어요. 흡혈오징어가 스커트라면 이쪽은 미니스커트라고 해도 될 거예요. 흡혈오징어는 이 막을 사용해 추진력을 얻거나 뒤집어 몸을 지키기도 해요.

◀ COLUMN

빛나는 그림포테우티스도 있다

마찬가지로 우무문어과에 속하는 스타우로테우티스 시르텐시스는 발광 기관을 지녔어요. 문어 중 발광 기관을 지닌 건 이 스타우로테우티스 시르텐시스뿐이에요.

짤막지식 / QUIZ

Q. 이들 중 미키 마우스와 닮았다고 일컬어지는 생물은 무엇일까요?
① 주머니귀오징어
② 유리문어
③ 앵글러

정답은 다음 페이지에

악마와 요괴가 한 몸에
악마요괴아귀 (일본명)

서식 깊이 0 ~ 3000(m)

희귀도 ★★★★★

두 개의 발광 기관을 지닌 아귀

정답 ①주머니귀오징어 귀 같은 커다란 지느러미가 달려 있어 미키 마우스와 닮았다고 해요.

생물 데이터

이름	악마요괴아귀	종족	아귀목 나무수염아귀과
서식 깊이	1,000m보다 깊은 심해	서식지	불명
몸길이	약 20cm	좋아하는 것	불명

심해에는 무서운 이름을 가진 생물이 잔뜩 있는데, 그중에서도 악마요괴아귀는 단연 눈에 띄어요. 우락부락한 이름이지만, 몸길이는 20cm로 의외로 작은 몸집을 지녔어요.

그리고 악마요괴아귀는 역시 겉모습이 무서워요. 새카만 몸에 예리한 이빨, 코끝뿐만 아니라 긴 턱수염 끝에도 두 장의 잎사귀 같은 발광 기관이 달려 있죠.

다만 이런 외관을 지닌 건 암컷뿐이고, 수컷은 케라티아스 홀보엘리처럼 암컷보다 훨씬 작아요. 암컷을 덥석 물어 한 몸이 되고 자손을 남기는 것도 똑같아요.

◀ COLUMN ▶

짤막 지식
물고기 박사조차 몰랐던 악마요괴아귀

악마요괴아귀는 물고기 박사조차 몰랐던 심해어로 화제가 됐었어요. 심해에는 이제 막 발견되어 도감에도 오르지 않은 물고기가 다수 있답니다.

QUIZ
Q. 다음 중 실제 존재하지 않는 생물은?
① 왕털갯지렁이
② 뿔횟대
③ 왕털갯벌레

정답은 다음 페이지에

생물 데이터

이름	초롱아귀	종족	아귀목 초롱아귀과
서식 깊이	600~1,210m	서식지	태평양·대서양·인도양 등의 온대 및 열대 해역
몸길이	약 30cm (암컷)	좋아하는 것	어류

초롱아귀는 대표적인 심해어로도 불리는 생물이에요. 새카맣고 불쾌한 눈뿐만 아니라 먹이를 잡는 방식도 심해어답죠.

머리에서 뻗은 촉수는 등지느러미의 가시가 변화한 거예요. '유인 돌기'라고 불리고, 끝은 발광 기관이에요. 그리고 이 발광 기관 안에는 발광 박테리아가 있어요. 발광 기관이 빛나는 건 이 박테리아가 빛나기 때문이에요.

초롱아귀는 이 유인 돌기를 흔들어 먹이를 유인해요. 심해에 사는 물고기는 흔들리는 빛을 먹이로 오해해요. 먹잇감이 무심코 다가오면 커다란 입으로 덥석! 먹어 버리는 것이죠.

COLUMN  짤막지식

유인 돌기는 종에 따라 형태가 다르다

초롱아귀종은 유인 돌기를 지녔지만, 그 모양은 종에 따라 달라요. 참고로 유인 돌기는 휘거나 줄어드는 경우도 있어요.

QUIZ

Q. 초롱아귀의 유인 돌기가 대단한 점은?
① 2m나 늘어난다
② 발광 액체를 내뿜는다
③ 절대 끊어지지 않는다

정답은 다음 페이지에

그 몸은 뭐야?
바케다라 (일본명)

서식 깊이: 0 – 500 – 1000 – 1500 – 2000 – 2500 – 3000 (m)

희귀도 ★★★★★

도깨비불처럼 움직인다

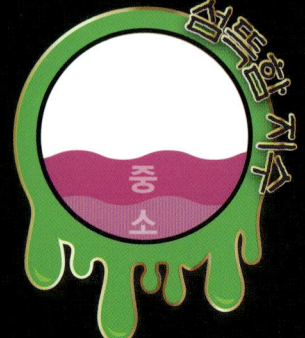

정답 ②발광 액체를 내뿜는다 먹잇감의 눈을 흐리는 효과가 있다고 해요.

생물 데이터

이름	바케다라	종족	대구목 민태과
서식 깊이	1,100~1,400m	서식지	일본 근해, 멕시코만 등
몸길이	약 30cm	좋아하는 것	불명

바케다라는 머리가 풍선 모양으로 크게 부푼 심해어예요. 올챙이 같은 외양이지만 슈퍼에서 파는 대구와 같은 대구목에 속해요.

바케다라는 가슴지느러미와 등지느러미가 작고 꼬리지느러미는 없어요. 요약하자면 수영이 특기가 아니라는 거예요. 심해를 하늘하늘 헤엄치는 모습이 도깨비불 같다고 해서 '바케다라'라는 이름이 붙여졌다고 해요(일본어로 '바케'는 '둔갑'을 의미).

바케다라는 민태과에 속하지만 민태과가 모두 이런 모습을 띠는 건 아니에요. 어째서 바케다라만이 이런 요괴 비슷한 모습이 되었는지는 수수께끼예요. 학자들 간에는 바케다라를 '진화의 일탈'이라고 표현하는 사람도 있다고 해요.

COLUMN

짤막 지식
바케다라뿐만 아니라 바케다라모도키도 있다

바케다라모도키라는 물고기도 있어요. 대구목 민태과 바케다라아과에 속하는 물고기로서 바케다라와 매우 가까운 종이지만 바케다라모도키는 배지느러미가 없어요.

QUIZ
Q. 다음 중 대구목이 아닌 생물은?
① 명태
② 은대구
③ 스지다라(일본명)

정답은 120페이지에

LOWER BATHYPELAGIC

제 3 장
하부 점심층

1,501M - 3,000M

상부 점심층보다 더 깊은 1,501m~3,000m의 점심층을 '하부 점심층'이라 불러요. 이곳에는 상어나 고래 등이 서식해요. 바다의 거대한 공벌레, 큰심해모래무지벌레도 이곳에 살아요!

서양인 같은 녹색 눈동자
카이트핀 샤크

서식 깊이: 0 ~ 3000(m)

희귀도 ★★☆☆

갑옷처럼 단단한 피부를 지녔다

200m~1000m
1001m~1500m
1501m~3000m
3001m~

특대 / 대 / 중 / 소

정답 ②은대구 외양은 대구와 비슷하지만 실은 대구가 아니에요. 농어목이에요.

생물 데이터

이름	카이트핀 샤크	종족	돔발상어목 검목상어과
서식 깊이	40~1,800m	서식지	세계 각지
몸길이	약 1.5m	좋아하는 것	어류, 갑각류 등

카이트핀 샤크는 시원스럽고 커다란 눈이 특징인 상어예요. 눈동자가 아름다운 녹색을 띠어 마치 서양인의 눈동자 같아요.

카이트핀 샤크는 갑옷처럼 단단한 피부를 지녔어요. 드물게 해저 그물망에 걸리는데, 섣불리 만지면 손가락을 베는 경우도 있어, 주의가 필요하죠.

턱은 그렇게 크지 않지만 무는 힘이 매우 강력해요. 이빨은 아래턱의 이빨 부분이 더 크고, 위턱 이빨로 물어뜯은 후 아래턱 이빨로 먹잇감의 고기를 찢죠. 물고기, 갑각류, 문어, 오징어 등 무엇이든 먹고, 때로는 자신보다 큰 생물을 공격하는 경우도 있어요.

COLUMN

준멸종 위기종으로 지정된 카이트핀 샤크

예전의 남획에 의해 카이트핀 샤크의 서식 개체 수가 크게 줄었어요. 현재는 그물에 걸려도 산 채로 바다에 돌려보내지만, 그 대부분이 심해에 돌아가기 전에 죽고 말아요.

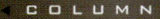
짤막 지식

QUIZ

Q. 카이트핀 샤크의 별명은?
① 고질라상어
② 가메라상어
③ 모스라상어

정답은 다음 페이지에

긴 이빨을 지닌 심해의 갱

독사고기

서식 깊이: 0 ~ 3000(m)

희귀도 ★★★★★

커다란 입으로 먹잇감을 통째로 삼킨다

200m~1000m
1001m~1500m
1501m~3000m
3001m~

심해다운 거구
중소

정답 ①고질라상어 겉모습이 닮아 '고질라상어'라고 불리기도 해요.

생물 데이터

이름	독사고기	종족	앨퉁이목 스토미아스과
서식 깊이	500~2,800m	서식지	세계 각지의 열대·온대 지역
몸길이	최대 35cm	좋아하는 것	어류

독사고기는 예리하고 긴 이빨을 지녔어요. 개체에 따라 입에 담아 두지 못할 정도예요.

다만 이만큼 긴 이빨을 지녔어도 입을 크게 벌리지 못하면 의미가 없어요. 독사고기는 언뜻 보면 그리 크지 않은 듯 보이지만 아래턱을 떼어 내듯 내밀어 입을 크게 열 수 있어요. 그리고 턱이 돌아오는 힘을 이용해 먹이를 통째로 삼키죠.

하지만 독사고기는 몸이 매우 가늘고 몸길이도 30cm밖에 안 돼요. 무서운 겉모습으로부터 '심해의 갱'이라고 불릴 때도 있지만, 그렇게 싸움을 잘하는 건 아니에요. 그 때문에 자신이 다른 심해 생물의 먹이가 되는 경우도 적지 않아요.

COLUMN

매퉁이와 독사고기의 관계

물고기에 해박한 사람이라면 매퉁이라는 물고기를 알지도 몰라요. 하지만 매퉁이는 홍메치목 매퉁이과의 물고기이고, 독사고기와는 다른 목에 속해요.

짤막 지식

QUIZ

Q. 독사고기의 눈 밑 발광 기관의 역할은?
① 적을 놀라게 한다
② 딱히 의미 없는 장식
③ 동료와 의사소통을 한다

정답은 다음 페이지에

내 몸은 사랑의 거처
해로동굴해면

서식 깊이
0 500 1000 1500 2000 2500 3000(m)

희귀도 ★★★★★

몸속에 새우 부부가 생활한다

정답 ③동료와 의사소통을 한다. 눈 밑의 작은 발광 기관을 동료 또는 이성과 의사소통을 할 때 사용해요.

생물 데이터

- **이름**: 해로동굴해면
- **종족**: 느슨해면목 해로동굴해면과
- **서식 깊이**: 100~3,000m
- **서식지**: 태평양, 대서양 등
- **몸길이**: 약 10~80cm
- **좋아하는 것**: 소형 플랑크톤

해저에 곧게 선 해로동굴해면은 해면동물 중 하나예요. 마치 하얀 바구니 같지만 어엿한 생물이고 플랑크톤 등을 먹으며 생활해요.

그리고 해로동굴해면 안(위강 내부)에는 해로새우라고 불리는 작은 새우 암수 두 마리가 사이좋게 지내고 있어요. 해로새우는 유년기 때 해로동굴해면 안에 들어와 그대로 자기 집으로 삼아요.

외부의 적으로부터 보호받고 먹이가 되는 유기물도 흘러들어 와요. 가장 사랑하는 상대와 떨어질 일도 없어요. 해로새우에게 있어 해로동굴해면 안은 매우 쾌적한 공간인 거죠.

COLUMN 짤막 지식

해면동물은 어떤 생물인가요?

해면동물은 뇌도 신경도 내장도 없는 매우 단순한 생물이에요. 체내를 통과하는 물속에서 먹이와 유기물을 걸러 먹으며 생활해요.

QUIZ

Q. 해로동굴해면의 영어명의 의미는?
① 비너스의 꽃바구니
② 천사의 요람
③ 행복의 새장

정답은 다음 페이지에.

전설의 설인 같은 털
예티크랩

서식 깊이: 0 ~ 3000(m)

희귀도 ★★★☆☆

팔의 털 속에 세균을 기른다

정답 ①비너스의 꽃바구니 영명은 'Venus's, flower basket'이에요. 비너스의 꽃바구니라는 의미예요.

생물 데이터

- **이름**: 예티크랩
- **종족**: 십각목 키와과
- **서식 깊이**: 2,200~2,400m
- **서식지**: 남동 태평양의 열수 분출공
- **몸길이**: 약 15cm
- **좋아하는 것**: 세균

히말라야산맥에는 전설의 설인 예티가 산다고 해요. 예티의 키는 2m 달한다고 하며, 전신이 새하얀 털로 덮여 있다고 해요.

예티크랩은 그런 예티로부터 이름이 붙여진 생물이에요. 팔에 예티처럼 새하얀 털이 수북이 자라 있고, 이 털 속에 세균이 살고 있어요. 예티크랩은 이 세균을 먹는다고 해요. 예티크랩은 이 세균을 위해 300℃ 이상의 열수가 뿜어져 나오는 열수 분출공에 서식해요. 이 열수에는 세균의 영양분이 되는 요소가 포함되어 있고 예티크랩은 팔을 휘둘러 세균에게 영양분을 공급해요. 말하자면 먹이를 스스로 기르고 있는 셈이죠.

COLUMN — 짤막지식
그 밖의 세균을 기르는 생물

'리미카리스 카이레이'라고 불리는 새우도 열수 분출공 근처에 서식하면서 세균을 섭취해요. 폭신폭신한 털은 없지만, 몸 안쪽에 세균을 기르고 있어요.

QUIZ

Q. 예티크랩은 다음 중 어느 종과 가장 가까울까요?
① 새우
② 게
③ 소라게

정답은 다음 페이지에

생물 데이터

이름	흡혈오징어	종족	흡혈오징어목 흡혈오징어과
서식 깊이	1,000~2,000m	서식지	세계 각지
몸길이	약 15cm	좋아하는 것	소형 플랑크톤, 바다눈

흡혈오징어의 일본명은 '박쥐문어'예요. 문어일까요? 아니면 오징어일까요?

실은 흡혈오징어는 문어도 오징어도 아닌 원시적인 생물이에요. 문어와 오징어의 공통 조상 모습을 현대로 끌어냈다고 여겨져요.

흡혈오징어의 다리는 전부 열 개예요. 그중 여덟 개는 막으로 이어져 스커트처럼 돼 있어요. 막의 뒷면이 검은색이기 때문에 이 스커트를 뒤집으면 흡혈오징어가 어둠 속에 섞일 수 있어요.

남은 두 다리는 실처럼 가늘고 길며 별로 눈에 띄지 않아요. 그 때문에 발견 당시에는 다리가 여덟 개로 여겨져 문어 취급을 받았어요.

COLUMN

짤막지식

'흡혈오징어'는 정말로 피를 빠나요?

흡혈오징어가 좋아하는 건 플랑크톤과 바다눈이에요. 다른 두족류에 비해 식사를 꽤 한가하게 하며, 실제로 누군가의 피를 빠는 일은 없어요.

QUIZ

Q. 흡혈오징어의 가느다란 두 다리는 얼마나 길까요?
① 몸길이의 4배　② 몸길이의 8배
③ 몸길이의 16배

정답은 다음 페이지에

생물 데이터

- **이름**: 비늘발고둥
- **종족**: 네옴팔루스목 펠토스피라과
- **서식 깊이**: 2,420~2,600m
- **서식지**: 인도양 열수 분출공
- **몸길이**: 약 3cm (껍데기)
- **좋아하는 것**: 세균으로부터 얻는 영양분

비늘발고둥은 2001년에 발견되어 2015년에 이름이 붙여진 신입 심해 생물이에요. 비늘발고둥이라는 이름에는 '비늘로 뒤덮인 다리'라는 의미가 있어요.

'비늘'이라는 이름이 의미하듯 비늘발고둥의 다리는 황화철로 이루어진 비늘로 덮여 있어요. 이 비늘의 단단함은 인간 치아의 두 배라고 해요. 일반적인 고둥은 적에게 발견되면 다리를 껍질 안으로 집어넣지만, 비늘발고둥은 철 같은 비늘로 몸이 뒤덮여 있어 괜찮죠.

말하자면, 비늘발고둥은 철갑을 몸에 두르고 있다고 할 수 있어요. 이런 생물은 심해는 물론 전 세계에서 발견된 사례가 없다고 해요.

COLUMN — 짤막지식

어째서? 하얀 비늘발고둥

검은 비늘발고둥이 발견된 지 9년 후, 하얀 비늘발고둥이 발견되었어요. DNA는 똑같았지만 하얀 비늘발고둥에는 황화철이 포함되어 있지 않았어요.

QUIZ

Q. 하얀 비늘발고둥을 발견한 건 어느 나라의 연구 팀이었을까요?
① 미국 ② 한국 ③ 일본

정답은 다음 페이지에.

포유류계의 잠수 챔피언
민부리고래

서식 깊이: 0 ~ 3000 (m)

희귀도 ★★★★★

2시간 이상 잠수할 수 있어요

200m~1000m
1001m~1500m
1501m~3000m
3001m~

정답 ③일본. 검은 형태를 발견한 건 미국, 하얀 형태는 일본 연구 팀이 발견했어요.

생물 데이터

이름	민부리고래		**종족**	고래목 부리고래과
서식 깊이	0~2,992m		**서식지**	세계 각지
몸길이	약 7m		**좋아하는 것**	오징어류, 어류

민부리고래는 몸길이가 7m 정도의 중형 고래예요. 수는 많지 않지만 전 세계 바다에 서식하며 2~7마리의 무리로 생활해요. 얼굴이 갓난아기처럼 보이는 것이 특징이에요. 하지만 민부리고래는 얼굴은 갓난아기여도 잠수 능력이 엄청 뛰어나요. 미국에서 민부리고래 조사를 시작했을 무렵 어떤 개체는 심해 2,992m까지 잠수하고, 또 다른 개체는 138분 동안 바닷속에 잠수할 수 있었다고 해요.

잠수에 특화된 향유고래조차 잠수할 수 있는 건 최대 90분 정도예요. 앞으로 민부리고래의 대기록을 깰 포유류가 나타날까요?

COLUMN 짤막 지식
수수께끼가 많은 민부리고래

3,000m 부근까지 잠수하기 위해서는 높은 수압에도 견디는 '무언가'를 필요로 하게 돼요. 하지만 민부리고래가 어째서 그러한 수압에 견딜 수 있는지는 아직 알려진 바가 없어요.

QUIZ

Q. 민부리고래는 영미권에서 어떤 고래로 일컬어지고 있나요?
① 병아리 ② 거위
③ 펭귄

정답은 다음 페이지에

울트라급 염통성게
울트라분부쿠 (일본명)

서식 깊이: 0 — 500 — 1000 — 1500 — 2000 — 2500 — 3000 (m)

희귀도 ★★★★★

200m~1000m
1001m~1500m
1501m~3000m
3001m~

해저를 훑고 돌아다닌다

정답 ②거위 'Goose-beaked whale'이라는 영어 이름이 있어요.

생물 데이터

이름	울트라분부쿠		**종족**	염통성게목 헤이케염통성게과(일본명)
서식 깊이	560~1,615m		**서식지**	서태평양
몸길이	최대 약 20cm		**좋아하는 것**	유기물

이름을 들으면 미지의 생물로도 여겨지지만, 울트라분부쿠는 성게에 속해요. 몸은 가시로 덮여 있고 이 가시는 자라는 장소에 따라 굵기와 길이 등이 달라지죠.

겉모습으로는 상상하기 어렵지만, 울트라분부쿠는 의외로 활발하게 움직여요. 청소기 로봇처럼 가시를 움직여 해저를 훑고 돌아다니죠.

울트라분부쿠는 최대 20cm 정도까지 자라요. 다른 염통성게류는 해저에 파묻혀 숨은 채 생활하는 경우가 일반적이지만, 울트라분부쿠 정도의 크기는 눈에 띄어도 적에게 공격받을 걱정을 할 필요가 적어요. 그 때문에 당당하게 걸어 나가 먹이인 해저의 유기물을 모을 수 있어요.

COLUMN — 짤막 지식

'울트라분부쿠'에서 '분부쿠'는 무슨 의미인가요?

'분부쿠'는 너구리가 차가마(차솥)로 변신하는 이야기인 '분부쿠 차가마'에서 이름이 붙여졌어요. 겉모습이 너구리가 변신한 차가마를 닮아 이러한 이름이 붙여졌죠.

QUIZ

Q. 다음 중 실제 존재하지 않는 염통성게는 어느 것일까요?
① 여우염통성게
② 사자염통성게
③ 낙타염통성게

정답은 다음 페이지에

얼굴은 무섭지만 의외로 민감

부채지느러미아귀

서식 깊이: 0 ~ 3000(m)

희귀도 ★★★★★

옆줄이 몸에서 튀어나와 있다

특대 / 대 / 중 / 소

정답 ③낙타염통성게(일본명). 여우염통성게와 사자염통성게는 존재해요.

생물 데이터

이름	부채지느러미아귀	종족	아귀목 부채지느러미아귀과
서식 깊이	700~3,000m	서식지	불명
몸길이	약 20cm (암컷)	좋아하는 것	불명

이름이 꽤 긴 부채지느러미아귀(조던부채지느러미아귀로도 불려요). 미국의 어류학자 조던 박사의 이름을 받아 사람의 이름을 지닌 지느러미아귀예요.

하지만 이들은 긴 이름보다 더 신경 쓰이는 특징이 있어요. 몸에서 몇 쌍이나 튀어나온 금 같은 선이에요.

이 선의 정체는 물의 흐름을 감지하는 옆줄이에요. 보통 옆줄은 물고기 몸의 옆 부분에 붙어 있지만, 그들의 옆줄은 몸 밖으로 튀어나와 있어요.

이 발달된 옆줄을 이용해 먹잇감의 위치를 재빠르게 감지하는 거겠죠.

COLUMN — 짤막지식
지느러미아귀지만 빛나지 않는다

부채지느러미아귀는 촉수의 끝부분이 빛나지 않아요. 다른 지느러미아귀와는 달리 안에 발광 박테리아가 적기 때문이에요.

QUIZ
Q. 아귀목은 전부 몇 종이 발견되었나요?
① 약 10종 ② 약 150종
③ 약 300종

정답은 다음 페이지에

이름의 유래는 천하의 대도둑

고에몬새우붙이(일본명)

서식 깊이
0 500 1000 1500 2000 2500 3000 (m)

희귀도 ★★★★★

200m~1000m
1001m~1500m
1501m~3000m
3001m~

털 속의 세균을 먹고 생활한다

정답 ③ 약 300종 식용으로 쓰이는 황아귀, 지느러미아귀 등 300종 이상이 발견되었어요.

생물 데이터

이름	고에몬새우붙이	**종족**	십각목 새우붙이상과
서식 깊이	700~1,600m	**서식지**	일본 오키나와 주상해분 열수 분출 지역
몸길이	약 5cm (껍질)	**좋아하는 것**	세균

일본 아즈치 모모야마 시대 때(1568~1603년) 이시카와 고에몬이라는 천하의 대도둑이 세상을 들썩였어요. 이시카와 고에몬은 권력자만 노리는 서민의 영웅이었지만, 마지막에는 도요토미 히데요시의 손에 잡혀 산 채로 가마솥에 끓여졌다고 해요.

고에몬새우붙이는 그런 이시카와 고에몬으로부터 이름을 물려받은 심해 생물이에요. 가마솥 등에 끓여졌다는 건 아니지만 그들은 300도가 넘는 열수를 내뿜는 '열수공' 근처에 살고 있어요.

고에몬새우붙이의 폭신폭신한 털 속에는 열수에 포함돼 있는 물질을 영양분으로 삼아 증식하는 세균이 있어요. 그리고 고에몬새우붙이는 이 세균을 먹으며 살아가요.

COLUMN

짤막 지식

고에몬새우붙이는 어째서 익지 않는 건가요?

열수공은 매우 수온이 높지만 10cm 정도만 떨어져도 수온이 10도 정도로 내려가요. 그 때문에 고에몬새우붙이가 익지 않고 살 수 있는 것이죠.

QUIZ

Q. 고에몬새우붙이는 다음 중 무엇과 가까운 종인가요?
①새우 ②게
③소라게

정답은 다음 페이지에

심해에 사는 공벌레

큰심해모래무지벌레

서식 깊이: 0 – 3000(m)

희귀도 ★★★☆☆

200m~1000m
1001m~1500m
1501m~3000m
3001m~

특대
대
중
소

사체를 먹는
'바다의 청소부'

정답 ③소라게 이름은 새우고 겉모습은 게 같지만, 분류상 소라게에 해당해요.

생물 데이터

이름	큰심해모래무지벌레	**종족**	등각목 모래무지벌레과	
서식 깊이	200~2,000m	**서식지**	멕시코만, 대서양, 인도양 등	
몸길이	약 40cm	**좋아하는 것**	물고기 등의 사체	

여러분, 공벌레와 놀아본 적 없나요? 대굴대굴 둥근 모습이 엄청 귀여워요. 큰심해모래무지벌레도 공벌레와 마찬가지로 등각목에 속하는 종이에요. 하지만 몸길이가 최대 50cm에 달해, 같이 놀려면 꽤 용기가 필요하죠.
등각목 중에서는 가장 크지만 어째서 이렇게 커졌는지는 아직 수수께끼예요. 참고로 몸을 둥글게 할 수는 없지만, 몸 뒤에 판 같은 다리와 꼬리가 달려 있어, 재빠르게 헤엄칠 수 있어요.
큰심해모래무지벌레는 생물의 사체를 먹으며 생활해요. 그 때문에 '바다의 청소부'라고도 불리죠.

COLUMN 짤막지식

5년간 아무것도 먹지 않은 'No. 1'

일본 토바 수족관에서 사육됐던 큰심해모래무지벌레 'No. 1'(이름)은 5년 이상 아무것도 먹지 않고 생활했어요. 자세한 사인은 불명이지만 아사는 아니었다고 해요.

QUIZ

Q. 토바 수족관의 'No. 1'은 5년간 절식한 결과 어떻게 됐을까요?
① 몸이 작아졌다
② 체중이 줄었다
③ 역으로 체중이 늘었다

정답은 다음 페이지에

별표가 아닌 불가사리

주름불가사리

서식 깊이: 0 — 500 — 1000 — 1500 — 2000 — 2500 — 3000 (m)

희귀도 ★★★★★

팔의 개수를 세어 보렴

특대 / 대 / 중 / 소

정답 ③역으로 체중이 늘었다. 이상하게도 수족관에 들어오기 전보다 20g 정도가 늘었다고 해요.

생물 데이터

이름	주름불가사리	종족	유극목 햇님불가사리과
서식 깊이	90~2,090m	서식지	동해와 남해 연안
몸길이	약 8cm	좋아하는 것	소형 생물

불가사리라고 하면 머리에 별 모양이 떠오를 거예요. 영어로도 'Sea Star(바다의 별)', 불가사리라고 하면 다섯 개의 팔에 별 모양이라는 이미지가 있죠.
하지만 심해에서는 불가사리도 모습이 조금 달라요. 심해 불가사리의 한 종인 주름불가사리는 팔이 10개 전후이고, 별은 별이지만 태양처럼 보이죠.
'10개 전후'라고 한 것은 팔의 개수가 일정하지 않기 때문이에요. 9개인 주름불가사리도 있고, 12개인 녀석도 있고 개체에 따라 달라요.
몸의 중앙이 크게 부풀어 있지만, 입은 해저면 쪽으로 나 있어요. 욕심이 꽤 많아 다른 불가사리를 먹어 치우기도 해요.

◀ COLUMN ▶

짤막지식

불가사리과의 해바라기불가사리

해바라기불가사리는 최대 1m에 달하는 거대 불가사리예요. 그 크기에 걸맞지 않게 분당 3m에 달하는 (불가사리 중에서는) 매우 빠른 속도로 이동해요.

QUIZ

Q. 불가사리를 딱 반으로 나누면 어떻게 될까요?
① 죽는다
② 한쪽만 살아남는다
③ 모두 살아남는다

정답은 다음 페이지에.

진짜 '대왕'은 어느 쪽?
남극하트지느러미오징어

서식 깊이
0 500 1000 1500 2000 2500 3000(m)

희귀도 ★★★★★

대왕오징어에 대적하는 세계에서 가장 큰 오징어

200m~1000m
1001m~1500m
1501m~3000m
3001m~

대 중 소

정답 ③모두 살아남는다 불가사리류는 재생 능력이 매우 뛰어나요. 딱 반으로 나누어도 재생해 두 마리의 불가사리가 되죠.

생물 데이터

이름	남극하트지느러미오징어	**종족**	살오징어목 하트오징어과
서식 깊이	2,000m 부근	**서식지**	남극해
몸길이	약 4.5m	**좋아하는 것**	어류

심해에는 대왕오징어에 필적하는 '세계 최대'라는 수식어가 붙는 거대한 오징어가 있어요. 남극하트지느러미오징어예요. 남극하트지느러미오징어의 체중은 500kg에 달해요. 발견 사례가 적어 단언할 순 없지만, 대왕오징어 이상으로 거대한 오징일 가능성도 있어요.

남극하트지느러미오징어의 빨판은 갈고리발톱 모양으로 되어 있어 이를 이용해 먹잇감인 물고기를 잡아요.

이만큼 거대한 몸을 지녔으니 먹는 양도 장난 아닐…… 거라 생각할 수 있겠지만, 남극하트지느러미오징어는 꽤 적게 먹는다고 해요. 5kg의 물고기를 한 마리 먹는 것만으로 200일간 살 수 있다고 해요.

COLUMN - 짤막지식

천적은 역시 그 녀석

향유고래의 위 속에서 남극하트지느러미오징어가 발견됐다고 해요. 향유고래는 대왕오징어뿐만 아니라 남극하트지느러미오징어에게 있어서도 천적이에요.

QUIZ

Q. 세계에서 가장 작은 오징어는 몇 cm일까요?
① 2cm ② 5cm
③ 10cm

정답은 다음 페이지에

아무것도 먹지 않아도 멀쩡
갈라파고스민고삐수염벌레

서식 깊이: 0 500 1000 1500 2000 2500 3000 (m)

희귀도 ★★★★★

세균과 공동 생활한다

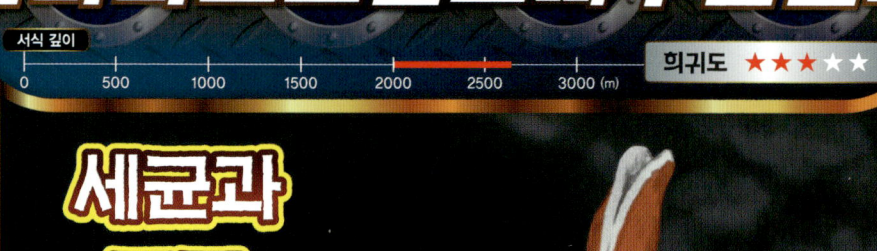

200m~1000m / 100m~1500m / 1501m~3000m / 300m~

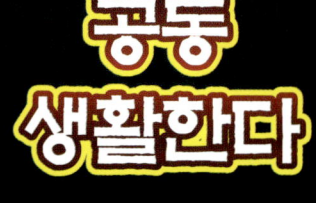

특대 / 대 / 중 / 소

정답 ①2cm 몸길이가 2cm 정도의 꼬마오징어가 세계에서 가장 작은 오징어로 여겨져요.

생물 데이터

이름	갈라파고스민고삐수염벌레	종족	베스티멘티패라목 리프티아과
서식 깊이	2,000~2,670m	서식지	동부 태평양
몸길이	약 3m	좋아하는 것	세균으로부터 얻는 영양분

갈라파고스민고삐수염벌레는 갈라파고스 제도 앞바다에서 발견된 리프티아과 동물이에요. 붉은 부분이 아가미이고 하얗고 긴 부분이 몸통이죠. 이 몸통 안에 '영양체'라는 부드러운 부분이 들어 있어요. 간단히 말하자면 관에 든 미끼 같은 생물이에요.

하지만 갈라파고스민고삐수염벌레는 입도 소화 기관도 항문도 없어요. 동물이지만 아무것도 먹지 않고 살아요. 갈라파고스민고삐수염벌레의 몸 안에는 많은 세균이 살고, 그 세균으로부터 영양분을 공급받고 있어요. 열수공 근처에 서식하는 세균들이 열수에 포함된 성분(황화수소)을 이용해 영양분을 제공하기 때문이에요.

COLUMN 짤막 지식

광합성처럼! 세균이 영양분을 공급하는 구조

갈라파고스민고삐수염벌레의 몸 안에 있는 세균은 황화수소와 물속의 산소를 화학 반응시켜 그때 발생하는 에너지를 이용해 이산화탄소로부터 영양분을 만들어요.

QUIZ

Q. 갈라파고스민고삐수염벌레는 무슨 벌레의 일종인가요?

① 관벌레
② 대벌레
③ 곰벌레

정답은 다음 페이지에

생물 데이터

- **이름**: 블로브피시
- **종족**: 농어목 물수배기과
- **서식 깊이**: 800~2,800m
- **서식지**: 호주, 뉴질랜드, 태즈메이니아섬
- **몸길이**: 약 60cm
- **좋아하는 것**: 소형 생물

블로브피시는 올챙이 같은 몸 형태를 지닌 대형 심해어예요. 에너지를 쓸데없이 소모하지 않기 위해 대부분의 시간을 해저에서 가만히 보내요. 몸은 크지만, 크게 눈에 띄는 생물은 아니에요.
하지만 블로브피시는 육상에 올라오면 모두의 시선을 한 몸에 받게 돼요. 몸이 퉁퉁 부어 아저씨 얼굴처럼 되기 때문이에요. 코가 있는 것처럼 보이는 건 얼굴이 축 늘어져서랍니다.
블로브피시는 영국의 '흉측한 동물 보존 협회'에 의해 세계에서 가장 흉측한 동물로 뽑혔다고 해요. 일단 그 협회가 어떤 일을 하는지 자세히 물어보고 싶지만, 어쨌건 딱한 이야기예요.

COLUMN 짤막지식

어째서 몸이 퉁퉁 붓는 건가요?

육지로 올라온 블로브피시가 퉁퉁 붓는 건 몸의 대부분이 수분으로 이루어져 있기 때문이에요. 블로브피시는 근육을 줄여 저에너지 생활을 하고 있어요.

QUIZ

Q. 블로브피시가 등장한 영화는?
① 맨 인 블랙 1
② 맨 인 블랙 2
③ 맨 인 블랙 3

정답은 다음 페이지에

자웅동체 동물 플랑크톤
동해화살벌레

서식 깊이: 0 ~ 3000(m)

희귀도: ★★★★★

200m~1000m / 1001m~1500m / **1501m~3000m** / 3001m~

암컷이기도 수컷이기도 하다

서식독약함 정도: 중소

정답 ③맨 인 블랙 3   〈맨 인 블랙 3〉에서 외계인이 운영하는 도살장에서 등장해요.

생물 데이터

이름	동해화살벌레	종족	무막근목 화살벌레과	
서식 깊이	표층~2,000m 이내 깊이	서식지	북태평양 등	
몸길이	약 4cm	좋아하는 것	소형 플랑크톤	

동해화살벌레는 모악동물이라 불리는 동물 플랑크톤의 한 종이에요. '화살벌레'라는 이름은 마치 화살처럼 곧게 수영하는 것에서 붙여졌어요.

동해화살벌레가 포함된 화살벌레과는 암컷과 수컷의 구별이 없어요. '자웅동체'로서, 하나의 개체가 암수의 역할을 모두 가져요.

일반적으로 생물은 암컷과 수컷이 만나지 않으면 자손을 남길 수 없어요. 하지만 수컷이기도 하고 암컷이기도 한 동해화살벌레는 같은 종끼리 만나면 오케이예요. 동해화살벌레와 동해화살벌레가 만나면 각자가 정자를 주고받고 각자가 알을 낳아요. 이성과 만날 기회가 적은 심해에서는 자웅동체인 편이 자손을 남기기 쉬운 셈이죠.

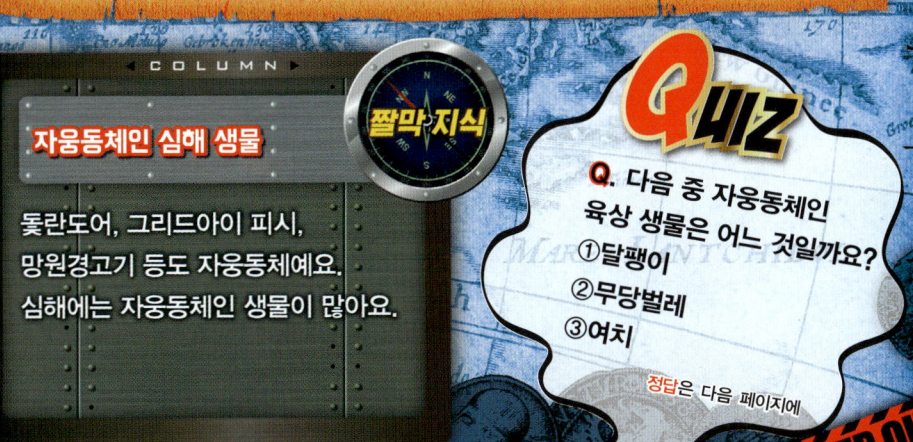

COLUMN 짤막지식
자웅동체인 심해 생물

돛란도어, 그리드아이 피시, 망원경고기 등도 자웅동체예요. 심해에는 자웅동체인 생물이 많아요.

QUIZ
Q. 다음 중 자웅동체인 육상 생물은 어느 것일까요?
① 달팽이
② 무당벌레
③ 여치

정답은 다음 페이지에

세계에서 가장 큰 이빨을 지닌 동물

향유고래

서식 깊이: 0 ~ 3000(m)

희귀도 ★★★☆☆

일생의 3분의 2를 심해에서 보낸다

200m~1000m
1001m~1500m
1501m~3000m
301m~

정답 ①달팽이 그 밖에도 지렁이 등이 자웅동체로 알려져 있어요.

생물 데이터

이름	향유고래	종족	고래목 향유고래과
서식 깊이	0~3,000m	서식지	세계 각지
몸길이	약 18m (수컷)	좋아하는 것	오징어류, 어류

수컷 향유고래는 최대 50톤에 달해요. 흰수염고래보다는 작지만, 이빨 있는 동물 중 세계에서 가장 큰 크기를 지녔어요.

향유고래는 일생의 3분의 2를 심해에서 보내는 것으로 알려져 있어요. 포유류라 물속에서는 숨을 쉴 수 없지만, 산소를 근육에 저장해 둘 수 있어 1시간 이상 잠수할 수 있어요. 또 잠수하는 속도도 빨라 약 10분 만에 수심 1,000m까지 도달할 수 있는 것으로 알려져 있어요. 사각형 머리로는 딱딱 커다란 소리를 내요. 이 소리가 먹이에 반사해 돌아오는 것을 감지해 먹잇감의 위치를 특정할 수 있다고 해요.

COLUMN

대왕오징어와 향유고래의 관계

서로 자주 라이벌 관계로 묘사되곤 하지만 실상은 향유고래가 훨씬 강해요. 대왕오징어는 향유고래의 피부에 상처를 내는 정도가 최대라고 해요.

짤막지식

QUIZ

Q. 향유고래의 천적은?
① 문어 ② 범고래
③ 없다

정답은 다음 페이지에

심해의 끈끈이귀개
파리지옥바다말미질

서식 깊이: 0 ~ 3000(m)

희귀도 ★★★★★

어디선가 봤던 모습

정답 ②범고래 무리에 공격당하는 등 향유고래도 천적이 있어요.

생물 데이터

이름	파리지옥바다말미잘	종족	말미잘목 파리지옥바다말미잘과	
서식 깊이	650~2,000m	서식지	멕시코만, 일본 근해	
몸길이	약 30cm	좋아하는 것	어류, 갑각류	

육상 세계에 존재하는 '파리잡이풀' 또는 '파리지옥'으로 불리는 식충 식물을 알고 있나요? 파리지옥은 입 같은 두 장의 잎으로 다가오는 벌레를 확 잡아먹어요. 이들 파리지옥바다말미잘종은 파리지옥과 생긴 모습이 비슷해 붙인 이름이에요. 커다란 입을 펼쳐 먹잇감을 기다리고 촉수에 닿으면 입을 닫아 먹죠. 그야말로 파리지옥이에요. 하지만 파리지옥은 녹색이지만 파리지옥바다말미잘은 붉은색이에요. 식물이 아닌 파리지옥바다말미잘은 광합성을 하지 않기 때문에 녹색 색소가 없어요. 그 때문에 심해에서 눈에 띄지 않기 위해 붉은색을 띠죠.

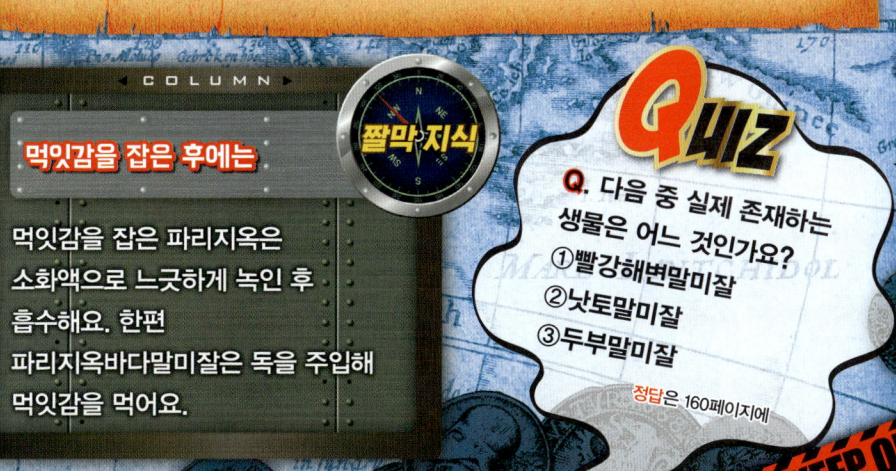

COLUMN - 짤막 지식
먹잇감을 잡은 후에는

먹잇감을 잡은 파리지옥은 소화액으로 느긋하게 녹인 후 흡수해요. 한편 파리지옥바다말미잘은 독을 주입해 먹잇감을 먹어요.

QUIZ

Q. 다음 중 실제 존재하는 생물은 어느 것인가요?
① 빨강해변말미잘
② 낫토말미잘
③ 두부말미잘

정답은 160페이지에

COLUMN
칼럼

▶쥐덫고기. 서식 깊이는 900~3,900m예요.

기다리고 있다고.

인류의 심해 도전

인류의 심해 도전은 이미 기원전부터 시작됐어요. 그 유명한 마케도니아 왕, 알렉산더 대왕도 배에 이어진 투명한 나무통에 들어가 바닷속에 잠수했다는 기록이 남아 있죠. 그 뒤로 17세기에 '다이빙 벨'이라는 실용적인 유인 잠수 장치가 개발됐어요. 이 다이빙 벨은 관으로 공기를 공급하는 구조이며, 덕분에 장시간의 잠수가 가능해졌어요. 하지만 그럼에도 잠수가 가능했던 건 고작 20m 정도였죠. 심해에 닿지는 못했어요.

본격적으로 심해에 잠수할 수 있게 된 건 20세기에 이르러서예요. 1929년에 200m까지 잠수할 수 있는 일본의 잠수정 '니시무라 시키마메 잠수정'이 등장했어요. 1948년에는 케이블 없이 활동할 수 있는 바티스카프가 개발됐어요. 심해를 목표로 한 시대가 끝나고, 심해를 조사하는 시대가 다가온 것이죠.

그리고 1960년, 미국의 '트리에스테호'가 마리아나 해구의

심해를 조사하는 일본의 유인 탐사 조사선 '신카이 6500'

ⓒJAMSTEC

최심부에 도달했어요. 드디어 세계에서 가장 깊은 바다의 바닥에 인류가 도달한 것이죠. 일본에는 6,500m까지 잠수할 수 있는 '신카이 6500'이라는 유인 잠수 조사선이 있어요. 그 활동 범위는 일본 근해뿐만 아니라 태평양과 인도양, 대서양에도 달하며 여태 1,500회가 넘는 잠수를 했어요. '신카이 6500'에 의한 심해 조사는 생물의 진화 과정 해명, 지구 내부의 움직임, 지구 환경의 역사를 이해하는 데 도움을 주고 있어요.

픽업 1
소코보우즈
▶▶▶ P.170

픽업 3
귀신고기
▶▶▶ P.168

픽업 2
망원경물고기
▶▶▶ P.188

ABYSSOPELAGIC & HADOPELAGIC

제 4 장
심해층·초심해층

3,001M~

수심 3,001m~6,000m를 '심해층',
6,001m 이상의 깊은 부분을
'초심해층'이라고 해요. 이런 어둑하고
높은 수압을 지닌 곳에도 생물이
존재해요! 깊은 바다 밑에 있는 생물의
놀라운 모습을 살펴볼까요!

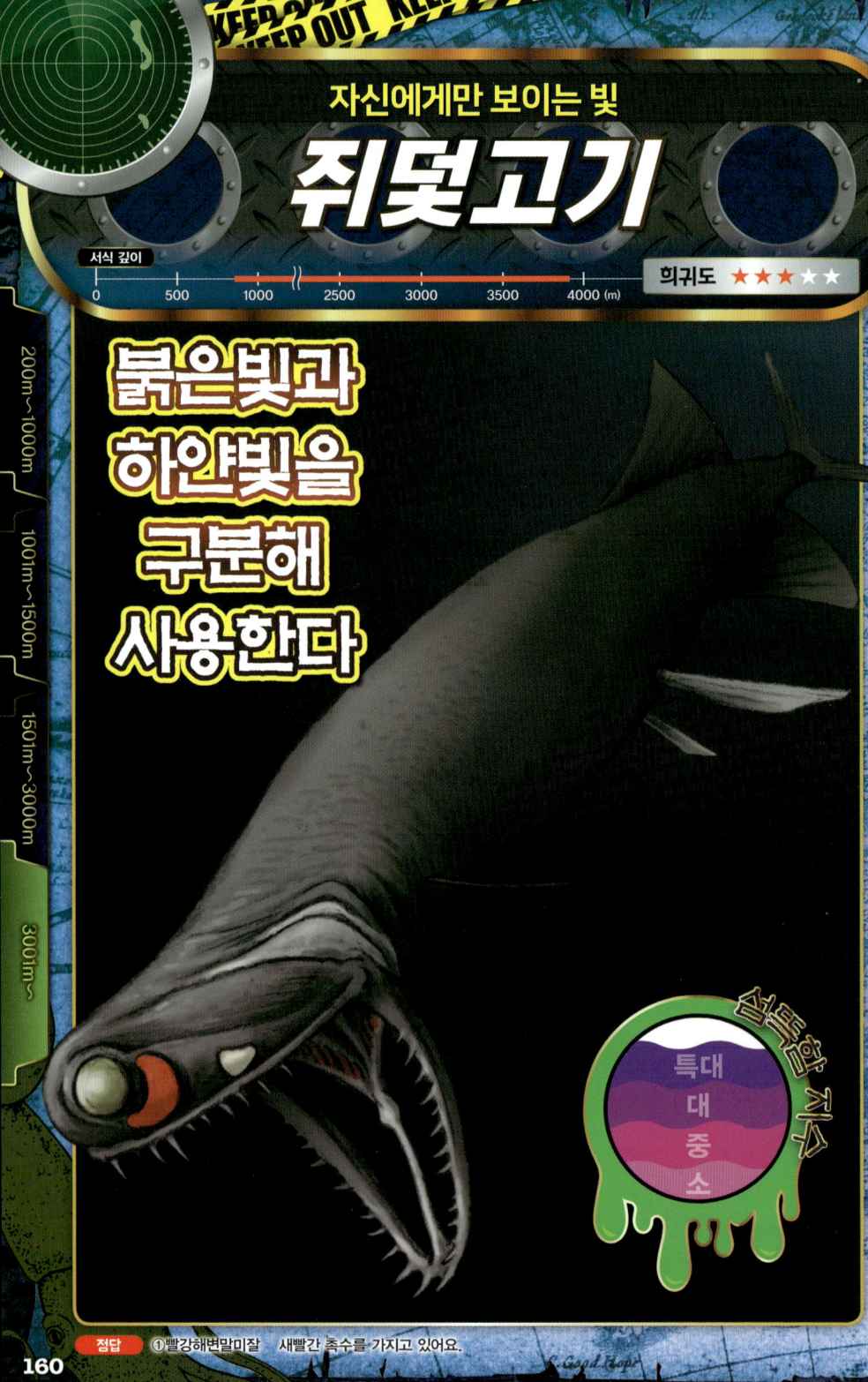

생물 데이터

이름	쥐덫고기	종족	앨퉁이목 스토미아스과	
서식 깊이	900~3,900m	서식지	세계 각지	
몸길이	약 26cm	좋아하는 것	어류	

쥐덫고기는 눈 밑과 눈 뒤에 발광 기관을 지녔어요. 눈 밑 발광 기관에서는 붉은빛, 눈 뒤 발광 기관에서는 하얀빛을 낼 수 있고 이 두 색을 구분해 사용하죠.

심해에서 파랑이나 녹색 물고기를 찾는 데 도움을 주는 붉은빛은 특별해요. 심해에는 붉은빛이 거의 닿지 않기 때문에 많은 심해 생물은 붉은빛을 감지하는 눈이 없다고 해요. 다시 말해, 이 붉은빛은 쥐덫고기에게만 보이고 주변 생물은 볼 수 없어요.

쥐덫고기는 이 유일한 빛을 사용해 먹잇감을 찾아요. 먹잇감은 물론 천적에게도 보이지 않기 때문에 느긋하게 사냥할 수 있어요.

◀ COLUMN ▶
하얀빛은 심해를 밝히는 전등

하얀빛을 내는 생물은 적지 않아요. 하얀빛은 심해에서 멀리 닿기 때문에 주변을 둘러보기 위해 쓰여요. 한편 붉은빛은 멀리까지 비추기에는 적합하지 않아요.

짤막지식

QUIZ

Q. 이 중에서 심해에서 가장 눈에 잘 띄는 색은 무엇일까요?
① 노란색
② 주황색
③ 파란색

정답은 다음 페이지에

생물 데이터

이름	에니프니아스테스 엑시미아	**종족**	판족목 해파리해삼과
서식 깊이	300~6,000m	**서식지**	태평양
몸길이	약 20cm	**좋아하는 것**	유기물

얕은 바다에 사는 해삼은 해저를 훑으며 생활해요. 해저 진흙 속에 사는 유기물을 영양분으로 삼아 헤엄치지 않아도 살 수 있어요.

하지만 심해의 해삼은 그럴 수 없어요. 심해의 진흙에는 유기물이 적기 때문에 그저 해저를 훑는 것만으로는 살아가기 어려워요.

그 때문에 심해에는 헤엄치는 해삼이 많이 있어요. 그중에서도 에니프니아스테스 엑시미아는 수영이 특기이고 해저에 있는 것보다 헤엄치는 시간이 더 길어요.

식사는 해저에서 하지만 순식간에 먹어 치워요. 그리고 식사를 마치면 다음 식사 장소를 찾기 위해 우아하게 헤엄치죠.

COLUMN — 짤막 지식

심해를 헤엄치는 해삼

심해에 사는 페니아고네 두비아도 에니프니아스테스 엑시미아처럼 헤엄치는 해삼이에요. 헤엄치는 모습이 마치 화난 듯 보여요.

QUIZ

Q. 에니프니아스테스 엑시미아의 몸 색깔은 성장함에 따라 어떻게 되나요?
① 진해진다
② 변하지 않는다
③ 옅어진다

정답은 다음 페이지에

보는 것보다 느끼는 것을 택한 물고기
그리드아이 피시

서식 깊이: 0 500 1000 1500 3500 4000 4500 (m)

희귀도 ★★★☆☆

눈 같지만 눈이 아니다

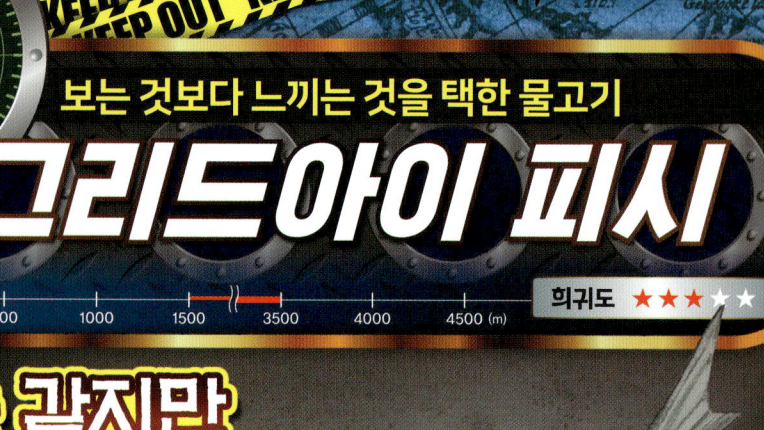

정답 ①진해진다 성장함에 따라 짙은 오렌지색으로 변화해요.

생물 데이터

이름	그리드아이 피시	종족	홍메치목 긴촉수매퉁이과
서식 깊이	1,500~3,500m	서식지	태평양, 대서양 등
몸길이	약 13cm	좋아하는 것	갑각류

빛이 닿지 않는 심해에는 눈이 퇴화한 생물도 많이 있어요. 그리드아이 피시도 새끼일 때는 눈이 달려 있지만, 성체가 되면 눈이 없어져요.

"아니, 눈이 있잖아!"라고 말하고 싶겠지만, 이는 눈이 아니라 망막이라는 평평한 막이에요. 그리드아이 피시는 이 망막을 사용해 빛을 감지해요. 눈이 없어도 근처에 발광하는 생물이 있는 것을 감지할 수 있어요.

하지만 아무리 어둑한 심해라고는 해도 새끼일 무렵 지녔던 눈을 없애는 건 대담한 결정이죠. 그들에게 있어 눈이 없어지는 건 퇴화가 아니라 진화라고 해야 할지도 모르겠어요.

COLUMN 짤막 지식

퇴화하는 것과 진화하는 것

심해에는 눈이 퇴화한 생물이 많지만, 그중에는 희미한 빛을 감지하기 위해 눈을 크게 진화시킨 생물도 있어요. 기간토키프리스도 그러한 종 중 하나라고 해요.

QUIZ

Q. 심해에 서식하는 딸기오징어의 눈 특징은?
① 좌우의 크기가 다르다
② 좌우에 달려 있는 장소가 다르다
③ 눈이 한쪽밖에 없다

정답은 다음 페이지에

이상한 모양의 육식 스펀지
하프 스펀지

서식 깊이: 0 ~ 4500(m), 약 3500m
희귀도 ★★★★★

흘러오는 먹잇감을 죽 기다린다

200m~1000m / 1001m~1500m / 1501m~3000m / 3001m~

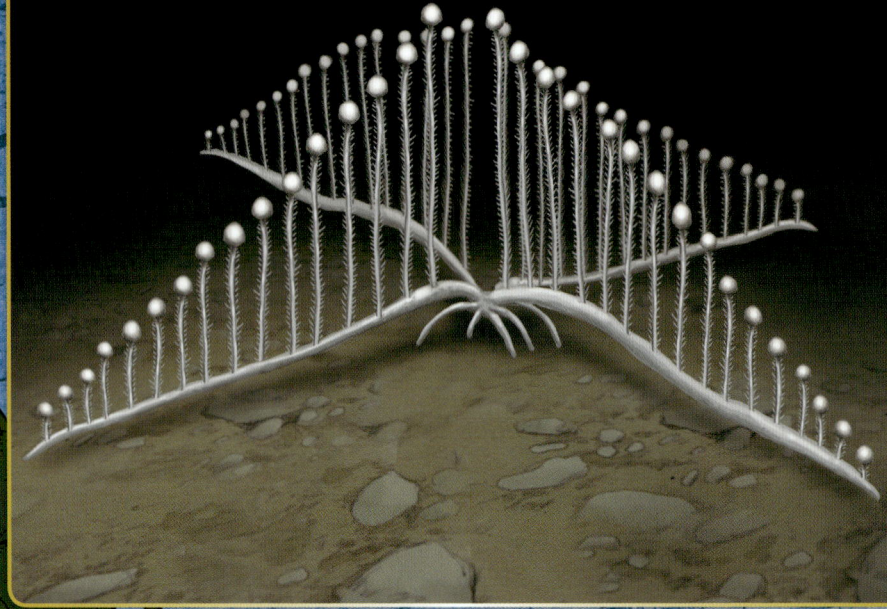

정답 ①좌우의 크기가 다르다. 항상 한쪽 눈을 위로 한 채 헤엄쳐, 먹잇감을 찾는 위쪽 눈만 크게 발달했어요.

생물 데이터

이름	하프 스펀지	종족	다골해면목 다골해면과
서식 깊이	3,300~3,500m	서식지	북캘리포니아만
몸길이	약 36cm	좋아하는 것	갑각류

하프 스펀지는 이름에서 알 수 있듯 해면동물의 한 종이에요. 124페이지에 등장하는 해로동굴해면도 인상적인 모습을 지녔지만, 하프 스펀지도 꽤 대단해요.
뿌리 같은 부분에서 수직으로 난 하얀 가지. 그 가지 끝부분에는 이상한 둥근 모양의 무언가가 나 있어요. 앞으로 면봉을 볼 때마다 이를 떠올릴 법도 해요.
하프 스펀지는 육식 해면이라는 것이 밝혀져 있어요. 잘 관찰해 보면 가지 전체가 가느다란 가시 모양으로 이루어져 있어 이를 사용해 작은 새우 등을 붙잡아요. 잡은 먹잇감은 얇은 막으로 싸여 그대로 천천히 소화돼요.

COLUMN

하프 같은 하프 스펀지

하프 스펀지라는 이름은 악기인 하프와 닮은 것에서 붙여졌어요. 참고로 삼각형 셔틀콕 모양 끝부분의 수는 개체에 따라 다르다고 해요.

QUIZ

Q. 다음 중 실제 존재하지 않는 생물은?
① 둑중개
② 나팔성게
③ 피아노새우

정답은 다음 페이지에

의외의 반전 모습이

귀신고기

서식 깊이: 0 500 1000 3500 4000 4500 5000(m)

희귀도 ★★★★★

이빨이 너무 길어 입이 닫히지 않는다

정답 ③피아노새우 참고로 가오리의 한 종류인 가래상어는 '기타피시'라는 영어 이름이 있어요.

생물 데이터

이름	귀신고기	**종족**	금눈돔목 귀신고기과	
서식 깊이	600~5,000m	**서식지**	태평양, 대서양 등	
몸길이	약 15cm	**좋아하는 것**	어류	

한눈에 보고 알 수 있듯 귀신고기는 매우 무서운 이빨을 지니고 있어요. 그가 항상 입을 열고 있는 건 이빨을 자랑하기 위함이 아니라 이빨이 너무 길어 입이 닫히지 않기 때문이에요.

머리가 울퉁불퉁한 건 뼈가 튀어나와 있어서예요. 마치 싸움에서 생긴 무수한 상처처럼 보여 이것 또한 무섭죠. 하지만 귀신고기는 몸길이가 15cm 정도밖에 되지 않아요. 이런 우락부락한 겉모습을 지녔지만, 실은 스마트폰과 비슷한 크기예요.

게다가 귀신고기는 헤엄치는 모습도 귀여워요. 가슴지느러미를 위아래로 퍼덕여 열심히 헤엄치죠.

COLUMN

짤막지식

빛금눈돔은 도미가 아니다

귀신고기는 금눈돔목에 속하는 물고기예요. 빛금눈돔이라 하면 고급 식재료로 유명하지만, 농어목의 참돔과 감성돔과는 다른 목에 속해요.

QUIZ

Q. 귀신고기라는 이름이 붙여진 이유는 무엇일까요?
① 귀신처럼 무서워서
② 뿔이 나 있어서
③ 몸이 붉어서

정답은 다음 페이지에

심해의 커~다란 생물
소코보우즈 (일본명)

서식 깊이: 0 ~ 5000m

희귀도 ★★★★★

커다란 몸으로 사체를 먹는다

200m~1000m
1001m~1500m
150m~3000m
3001m~

정답 ②뿔이 나 있어서. 새끼 귀신고기일 때는 뿔 같은 것이 자라나 있어요.

생물 데이터

이름	소코보우즈	종족	첨치목 첨치과
서식 깊이	800~4,500m	서식지	태평양, 대서양 등
몸길이	약 1.5m	좋아하는 것	생물의 사체

소코보우즈는 절의 스님 같은 반들반들한 머리를 지녔어요. 해저에 사는 스님이라 소코보우즈라고 부른 셈이죠(일본어로 '보우즈'는 '스님'이다).

소코보우즈의 몸길이는 최대 2m에 달해요. 수심 3,000m 이하에 사는 생물로서는 꽤 큰 크기예요.

소코보우즈는 주로 위에서 떨어지는 생물의 사체를 먹어요. 혹여 사체에 다른 생물이 몰려도 몸이 커 간단히 쫓아낼 수 있어요.

소코보우즈는 멀리 사체를 찾아다니기 위해 이렇게 몸을 거대화한 것으로 여겨져요. 스님이 사체를 먹는 건 좀 이상할 수 있지만, 이 거대한 몸은 결코 쓸모없지 않은 셈이죠.

COLUMN

심해어는 얼마나 깊이 서식할 수 있나요?

어류가 서식할 수 있는 건 수심 8,200~8,400m가 한계라고 해요. 하지만 이는 어디까지나 가설이고, 더 깊은 곳에서 어류가 발견될 가능성도 제로는 아니에요.

짤막지식

QUIZ

Q. 다음 중 실제 존재하지 않는 생물은 무엇일까요?
① 보우즈카지카
② 은대구
③ 스님아귀

정답은 다음 페이지에

생물 데이터

이름	스코토플레인	**종족**	판족목 구마나마코과(일본명)	
서식 깊이	545~6,720m	**서식지**	세계 각지	
몸길이	약 8cm	**좋아하는 것**	진흙 속 유기물	

땅딸막한 몸이 귀여운 스코토플레인. 일본에서는 오봉(일본 최대의 명절) 때 오이로 만든 말과 가지로 만든 소를 장식하는데, 스코토플레인을 옆에 같이 장식해도 될 정도예요.

스코토플레인이 일본에서 '천수해삼'이라고 불리는데 수많은 팔을 지닌 불상 '천수관음'에서 유래했어요. 왜냐하면 숫자가 천에 달하지는 않지만 스코토플레인에게는 수많은 다리(정확히는 관)가 나 있어서예요.

해저 쪽으로 나 있는 건 '관족'이라 불리는 다리예요. 스코토플레인은 10개 이상에 달하는 관족을 사용해 해저를 훑듯 걸어요. 또한, 등에 있는 더듬이처럼 보이는 것도 실은 다리예요. '우족'이라고 불리며 주변의 상황을 살피는 센서처럼 쓰인다고 여겨져요.

COLUMN

세계에서 가장 다리가 많은 생물은 노래기

미국에서 발견된 '일라크메 플레니페스'라는 노래기는 다리가 750개나 있다고 해요. 바다의 생물은 아니지만, 이것이 세계 최고 기록이라고 해요.

짤막지식

QUIZ

Q. 스코토플레인의 별명은?
① 바다의 돼지 ② 바다의 소
③ 바다의 하마

정답은 다음 페이지에

세계에서 가장 깊은 바다에 산다

히론델레아 기가스

서식 깊이: 0 ~ 11000(m)

희귀도 ★★★★★

아무것도 없어 나무를 먹는다

200m~1000m
1001m~1500m
1501m~3000m
3001m~

정답 ①바다의 돼지 정식 명칭은 '바다돼지해삼'이에요.

생물 데이터

이름	히론델레아 기가스	종족	단각목 긴팔옆새우과
서식 깊이	6,000~10,920m	서식지	마리아나 해구 등
몸길이	약 4cm	좋아하는 것	동물의 사체, 나무

세계에서 가장 깊은 바다는 마리아나 해구예요. 최심부가 수심 약 10,900m에 달하죠. 심해어도 가까이하기 어려운 깊이예요.

하지만 그런 세계에도 생물은 존재해요. 그중 하나가 일본의 무인 탐사정 '가이코'에 의해 채집된 히론델레아 기가스예요. 히론델레아 기가스는 위에서 떨어지는 동물의 사체나 썩은 나무 등을 먹어요. 인간은 나무의 주성분인 '셀룰로오스'를 분해할 수 없지만, 이들은 체내에 그것을 분해할 수 있는 물질을 지니고 있어요.

그들이 사는 곳은 심해 중에서도 특히 먹을 것이 적은 초심해예요. 나무라도 영양분으로 삼지 않으면 살 수 없겠죠.

COLUMN 짤막 지식
단각목의 옆새우와 십각목의 새우

히론델레아 기가스는 옆새우와 같은 목에 속해요. 닭새우나 보리새우 등 십각목 새우와는 다른 목이죠.

QUIZ

Q. 무인 탐사정 '가이코'는 심해 생물 외에 무엇을 조사했을까요?
① 날씨 ② 지진 ③ 바닷새

정답은 다음 페이지에

네 개의 팔을 지닌 해파리
스티기오메두사

서식 깊이: 0 500 1000 6000 6500 7000 7500 (m)

희귀도 ★★★★★

큰 게 좋지

특대 / 대 / 중 / 소

정답 ②지진. 심해 생물뿐 아니라 해저 지진도 조사했어요.

생물 데이터

이름	스티기오메두사	종족	기구해파리목 느릅나무해파리과
서식 깊이	6,669m	서식지	세계 각지
몸길이	약 1.4m (갓)	좋아하는 것	플랑크톤

스티기오메두사는 먹이를 운반하기 위해 입에서 뻗은 촉수가 네 개밖에 없어요. 게다가 다른 해파리와 달리 독도 없어요. 하지만 이 해파리는 몸이 엄청 커요. 갓만 1m 이상이죠. 촉수는 최대 10m를 넘기도 하고, 띠처럼 두꺼워요. 무수한 팔이나 독이 없어도 먹이를 감싸듯 잡을 수 있는 것으로 여겨져요.

스티기오메두사라는 이름 안에 들어 있는 '메두사'는 신화 세계에 등장하는 괴물이고, 눈이 마주친 자를 돌로 바꾼다고 해요. 어둑한 심해에서 돌연 눈앞에 스티기오메두사를 마주친다면 먹잇감도 역시 돌처럼 굳고 말겠죠.

COLUMN

갓이 2m에 달하는 노무라입깃해파리

짤막지식

식용으로 쓰이는 노무라입깃해파리도 대형 해파리로 알려져 있어요. 과거에는 어선의 그물에 대량으로 걸려 어선이 전복되는 사고도 일어났었죠.

QUIZ

Q. 세계에는 몇 종의 해파리가 있을까요?
① 1,000종 미만
② 1,000~2,999종 미만
③ 3,000종 이상

정답은 다음 페이지에

치열이 안 좋은 아귀
바늘방석아귀

서식 깊이: 0 – 500 – 1000 – 3500 – 4000 – 4500 – 5000 (m)

희귀도 ★★★★★

입 주변에 이빨이 나 있다

200m~1000m
1001m~1500m
1501m~3000m
3001m~

초 / 특대 / 대 / 중 / 소

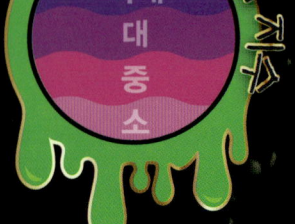

정답 ③3,000종 이상 그중 약 200종이 일본 근해에서 서식하고 있어요.

생물 데이터

이름	바늘방석아귀	종족	아귀목 바늘방석아귀과
서식 깊이	4,000m 부근	서식지	불명
몸길이	약 6cm	좋아하는 것	불명

바늘방석아귀는 특별한 이빨을 지닌 아귀예요. 낚시용 촉수를 지니지 않았고 외양은 아귀 같지 않아요. 그럼 심해 생물의 이빨이라고 하면 입이 닫히지 않을 정도로 긴 귀신고기나 바이퍼피시가 인상적이죠. 하지만 바늘방석아귀는 어떤 의미로 더 대단해요. 입이 닫히지 않는 건 물론, 이빨이 입 주변에 나 있죠.
하지만 어째서 이러한 모습을 지니게 됐는지는 알려진 바가 없어요. 여러분이 만약 바늘방석아귀라면 어떤 식으로 이빨을 사용하겠어요?

COLUMN — 짤막지식

역시 암컷보다 수컷이 작다

낚시용 촉수를 지니지는 않았지만 이래 봬도 아귀종이고, 암컷보다 수컷이 한참 작아요. 이 일러스트 같은 모습의 아귀는 예외 없이 암컷이에요.

QUIZ

Q. 다음 중 실제 존재하는 아귀는 어느 것인가요?
① 빨강부치
② 파랑부치
③ 초록부치

정답은 다음 페이지에

179

생물 데이터

이름	대짜관바다거미	종족	바다거미목 큰바다거미과(일본명)
서식 깊이	700~4,000m	서식지	세계 각지
몸길이	약 40cm (다리를 벌렸을 때)	좋아하는 것	불명

여러분 중에는 거미를 매우 싫어하는 사람도 있겠죠? 그런 사람에게는 미안한 소식이지만, 심해에도 거미가 있어요. 육지의 거미와는 다른 대짜관바다거미라는 종이에요. 대짜관바다거미는 바다거미목 중에서도 가장 큰 종이에요. 몸통은 작고 몸의 대부분이 다리의 형태를 띠고 있어요. 다리가 살아 있는 듯 보일 정도지만, 그것도 잘못 본 게 아니에요. 대짜관바다거미는 몸에 들어가지 않는 내장이나 생식 기관이 이 긴 다리 속에 들어 있어요.
입은 빨대처럼 되어 있고 먹잇감에 꽂아 체액을 빨아들여요.

COLUMN 짤막 지식
다양한 것이 들어 있는 대짜관바다거미의 다리

대짜관바다거미종은 몸이 매우 작아 들어가지 않는 기관이 다리에 들어 있어요. 내장이나 생식 기관뿐만 아니라 알도 다리 속에 넣고 운반해요.

QUIZ

Q. 다음 중 실제 존재하는 생물은 어느 것인가요?
① 거미게
② 거미해파리
③ 거미오징어

정답은 다음 페이지에

생물 데이터

이름	유령나무수염아귀	종족	아귀목 나무수염아귀과
서식 깊이	1,500~3,200m	서식지	세계 각지
몸길이	약 8cm (암컷)	좋아하는 것	육식

이름에 유령이 들어 있는 유령나무수염아귀는 이름처럼 외양에도 박력이 있어요. 그런데 이름에 유령이 들어 있다곤 해도 하나도 무섭지 않아요.

유령이라는 이름을 붙인 건 피부에 색소가 없고 몸이 투명하게 보이기 때문이에요. 해파리종 등 심해에는 투명한 생물이 많지만 투명한 물고기는 꽤 희귀한 편이죠.

참고로 유령나무수염아귀는 이전까지 학명으로, '나무수염아귀종'으로서 불렸어요. 최근에 이르러서야 일본(오가사와라 제도 근해)에도 서식하는 것이 확인되어 이러한 이름이 붙여졌어요.

COLUMN — 짤막 지식

도감에서 "○○종"이라는 건 무슨 의미인가요?

심해 생물 도감 등을 보면 '○○속'이나 '○○종'으로 쓰여 있는 종이 많아요. 이들은 아직 정식 이름이 붙여져 있지 않은 종이에요.

QUIZ

Q. 다음 중 몸이 투명하지 않은 종은 무엇일까요?
① 거울돔
② 글래스피쉬
③ 도도하다카(일본명)

정답은 다음 페이지에

심해 7,703m에서 사는 물고기
프세우돌리파리스

서식 깊이: 0 — 500 — 1000 — 6000 — 6500 — 7000 — 7500(m)

희귀도 ★★★★★

200m~1000m
1001m~1500m
1501m~3000m
3001m~

흐물흐물한 몸으로 수압에 견딘다

정답 ③도도하다카 '하다카'라고 해서 전부 투명하지는 않아요(일본어로 '하다카'는 알몸이라는 의미).

생물 데이터

이름	프세우돌리파리스	종족	쏨뱅이목 꼼치과
서식 깊이	6,156~7,703m	서식지	일본 해구
몸길이	약 11cm	좋아하는 것	갑각류

프세우돌리파리스가 발견된 수심 7,703m의 세계에는 어류가 거의 살지 않아요. 먹을 것이 적은 이유도 있지만, 우선 수압에 견딜 수 없죠. 일설에 따르면 수심 8,000m 지점에 가해지는 물의 무게는 코끼리 1,600마리에 달한다고 해요. 프세우돌리파리스가 그런 엄청난 수압을 견딜 수 있는 비결은 흐물흐물한 몸에 있어요. 이 책에도 몇 종이 등장하지만, 몸에 수분이 많이 포함되어 흐물흐물한 몸을 지닌 물고기는 높은 수압에 견디기 쉬워요.
공기가 들어간 풍선은 수압에 찌그러져요. 하지만 물을 넣은 풍선은 같은 환경에서도 찌그러지지 않아요. 프세우돌리파리스도 이와 같다고 할 수 있죠.

COLUMN

프세우돌리파리스는 이런 기록의 보유자

실은 프세우돌리파리스는 수심 7,000m 이상의 깊이에 한해 일본 연구팀이 세계에서 처음으로 생태 촬영을 성공한 물고기예요. 2008년 10월의 일이에요.

짤막지식

Q. 꼼치를 먹지 않는 이유는?
① 썩은 내가 나서
② 독이 있어서
③ 맛이 없어서

정답은 다음 페이지에

생물 데이터

이름	리노프리네 인디카	**종족**	아귀목 나무수염아귀과	
서식 깊이	4,000m 이내의 깊이	**서식지**	인도양, 태평양	
몸길이	약 5cm (암컷)	**좋아하는 것**	어류, 갑각류	

리노프리네 인디카는 인도양에 서식하는 수염아귀종이에요. 몸이 카레 같은 밤색을 띠고 있는데 이는 어쩌다 들어맞은 거예요.

몸은 둥글고 턱에 두꺼운 수염 하나가 자라요. 수염아귀과에는 복잡한 턱수염을 지닌 종이 많은데, 리노프리네 인디카는 매우 단순하죠.

수염아귀종이기 때문에 역시 암컷보다 수컷이 작아요. 암컷도 5cm 정도로 크지 않지만, 수컷은 1.5cm 정도밖에 안 돼요.

그리고 수컷은 암컷 몸에 달라붙어 자손을 남기죠. 그리고 달라붙은 채 동화되어 마지막에는 암컷의 작은 돌기처럼 된답니다.

COLUMN 짤막지식

한동안만 달라붙는 수컷도 있다

수염아귀종은 작은 수컷이 암컷에 달라붙는데, 모든 수컷이 그대로 흡수되는 건 아니에요. 한동안만 달라붙는 종도 있어요.

QUIZ

Q. 다음 중 실제 존재하는 아귀는 어느 것일까요?
① 바늘방석아귀
② 송충이눈썹아귀
③ 콧수염아귀

정답은 다음 페이지에

생물 데이터

이름	망원경물고기	종족	홍메치목 기간투라과
서식 깊이	500~3,500m	서식지	세계 각지
몸길이	약 20cm	좋아하는 것	어류

심해에서는 '본다'는 것이 상상 이상으로 어려워요. 어둠 속에서 생활하는 와중에 보는 것을 포기하거나 눈이 작게 퇴화하는 등, 눈이 없어지는 종도 있죠.

하지만 망원경물고기는 달라요. 앞으로 크게 돌출된 통 모양 눈이 있죠. 명백히 볼 생각으로 가득 찬 거예요.

그리고 망원경물고기의 눈은 결코 겉만 번지르르한 게 아니에요. 이 통 모양 눈은 '관상안'이라고 불리며, 희미한 빛도 포착할 수 있어요.

이 눈으로 먹잇감을 발견한 망원경물고기는 예리한 이빨로 사냥해요. 망원경물고기의 위는 크게 부풀 수 있어 자신보다 큰 먹잇감을 노릴 수도 있다고 해요.

COLUMN 짤막지식

홍메치목 기간투라과 물고기

기간투라과는 망원경물고기와 기간투라 인디카의 1속 2종으로 이루어져 있어요. 기간투라 인디카는 일본 근해에서 처음 발견된 기간투라과예요.

QUIZ

Q. 다음 중 관상안을 지닌 건 어떤 종일까요?
① 데메니기스
② 대왕산갈치
③ 돛란도어

정답은 다음 페이지에

턱의 길이는 머리의 열 배
펠리칸장어

서식 깊이: 0 — 500 — 1000 — ((— 6500 — 7000 — 7500 — 8000 (m)

희귀도 ★★★★★

해수째 먹잇감을 먹는다

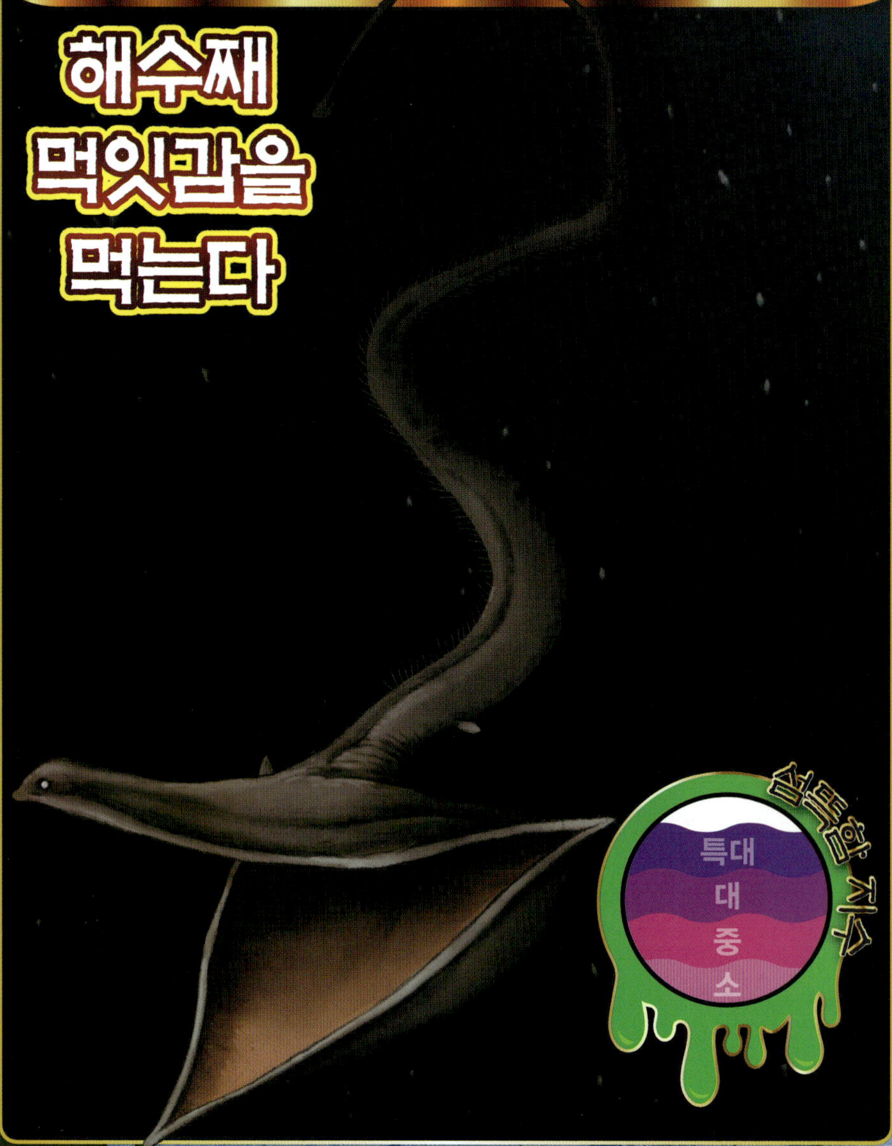

정답 ①데메니기스 — 데메니기스도 관상안을 지녔어요.

생물 데이터

이름	펠리칸장어	종족	뱀장어목 펠리칸장어과
서식 깊이	500~7,800m	서식지	세계 각지
몸길이	약 75cm	좋아하는 것	새우류, 어류

펠리칸장어의 최대 특징은 몸 크기에 어울리지 않는 거대한 입이에요. 턱뼈의 길이는 무려 머리뼈의 길이의 약 열 배예요. 머리에 턱이 달려 있다기보다 턱 위에 머리가 얹혀 있는 셈이죠.

대식가처럼 보이지만, 펠리칸장어의 식생활은 의외로 소박해요. 그들이 좋아하는 건 작은 새우류와 물고기예요. 입을 벌려 해수째 작은 먹잇감을 삼키고 해수만 배출하죠. 이런 입을 지닌 건 먹잇감이 적은 심해에서 조금이라도 더 많이 먹기 위함일 거예요.

가느다란 꼬리 끝은 발광 기관이 있어요. 펠리칸장어는 이 발광 기관을 사용해 먹잇감을 유인하는 것으로 보여요.

COLUMN — 짤막 지식

입이 큰 풍선장어

풍선장어도 입이 큰 심해 물고기예요. 펠리칸장어는 입을 벌려 먹잇감이 들어오는 걸 기다리지만, 풍선장어는 먹잇감을 공격해 통째로 삼켜요.

QUIZ

Q. 펠리칸장어의 다른 이름은?
① 바구니장어
② 주머니장어
③ 에구머니장어

정답은 다음 페이지에

KANARI BUKIMINA SHINKAI SEIBUTSU ZUKAN
Supervised by Dai Niino
Copyright © SEKAIBUNKA Publishing Inc., 2018
All rights reserved.
Original Japanese edition published by SEKAIBUNKA Publishing Inc.
Korean translation copyright © 2020 by LUDENS MEDIA Co., Ltd.
This Korean edition published by arrangement with SEKAIBUNKA Publishing Inc.,
Tokyo, through HonnoKizuna, Inc., Tokyo, and EntersKorea Co., Ltd.

이 책의 한국어판 저작권은 ㈜엔터스코리아를 통해 저작권자와 독점 계약한 루덴스미디어㈜에 있습니다.
저작권법에 의하여 한국 내에서 보호를 받는 저작물이므로 무단 전재 및 복제를 금합니다.

● 참고 문헌

『학연 도감 LIVE 15권 심해 생물』 감수 : 다케다 마사카타(학연 플러스)
『포푸라디아 대도감 WONDA 어드벤처 심해 생물』 감수 : 후지쿠라 가츠노리(포푸라사)
『쇼가쿠칸 도감 NEO(신판) 물고기』 감수 : 이다 오사무, 마츠우라 게이이치(쇼가쿠칸)
『쇼가쿠칸 도감 Z 일본 어류관 ~정밀한 사진과 자세한 해설~』 편집·검수 : 나카보 데츠지 집필·사진 : 스즈키 도시유키(쇼가쿠칸)
『고단샤 움직이는 도감 EX MOVE 심해 생물』 검수 : 오쿠타니 교지 / 아마오카 구니오(고단샤)
『심해 생물 파일 – 당신이 모르는 암흑세계의 주인들』 저자 : 기타무라 유이치(네코 퍼블리싱)
『심해 생물 대사전』 저자 : 사토 모토코(세이비도 출판)
『컬러 도감 심해 생물』 저자 : 크리에이티브 스위트(다카라지마사)
『심해 생물의 "왜 그렇게 됐지?"를 알 수 있는 책』 집필·일러스트 : 기타무라 유이치(히데카즈 시스템)
『매우 희한한 심해어 도감』 저자 : 기타무라 유이치(호이쿠샤)
『이상한 생물』 저자 : 하야카와 이쿠오(바지리코)
『(개정신판) 일본산 어류 탐사 전종 동정 제3판』 편집자 : 나카보 데츠지
『세상에서 가장 아름다운 해파리 도감』 저자 : 리사=안 가슈인(X-Knowledge)
『FishBase』 www.sealifebase.org
『NATIONAL GEOGRAPHIC』 natgeo.nikkeibp.co.jp

감수 니이노 다이

고우치현립 아시즈리 해양관·총지배인, 수족관 프로듀서. 어릴 적부터 해양 생물에 흥미를 느껴 1979년에 도카이대학 해양학부 졸업 후 니가타현 세나미 수족관에 취직했다. 아오모리현 아사무시 수족관을 거쳐 89년에 오사카 워터프론트 개발 주식회사에 입사했다. 오사카 해양관 개관부터 이끌어 왔다. 세 수족관의 사육 담당으로서 생물 사육 기술을 연마했다. 2005년부터는 프리랜서로 집필 활동에 열정적으로 뛰어들었고, 현재는 아시즈리 해양관 리뉴얼을 이끌고 있다. 『이상한 생물 도감 심해』(고단샤) 등을 검수하는 등 다수의 저서가 있다.

역자 나정환

고려대학교 생명과학부 전공으로 올해 졸업을 앞두고 있다.
일본 문학에 흥미를 느껴 자연스럽게 일본어를 공부하게 되었고, 우연한 기회를 통해 번역 일을 시작하게 되었다. 번역한 책으로는 『더 엉뚱한 동물 총집합』, 『난 억울해요!』(코믹컴), 『움직이는 도감 MOVE 식물』(루덴스미디어)이 있다.

● 집필   사이토 쇼타(유니호소)
● 일러스트 가와사키 사토시
● 디자인   스기모토 류이치로(가이하츠사)
● 사진·   Shutterstock

코믹컴 비주얼 사이언스 백과 ❶ 깜짝 놀랄 심해 생물 백과

감수 니이노 다이
역자 나정환
찍은날 2020년 1월 16일 초판 1쇄
펴낸날 2025년 9월 19일 초판 6쇄
펴낸이 홍재철
편집 정연주
디자인 박성영
마케팅 황기철·안소영
펴낸곳 루덴스미디어(주)
주소 경기도 고양시 일산동구 무궁화로 43-55, 604호(장항동, 성우사카르타워)
전화 031)912-4292 | 팩스 031)912-4294

홈페이지 http://www.ludensmedia.co.kr
등록 번호 제 396-32100002510020080000001호
등록 일자 2008년 1월 2일

ISBN 979-11-88406-85-2 74490
ISBN 979-11-88406-00-5 (세트)

결함이 있는 책은 구입하신 곳에서 바꾸어 드립니다.
값은 뒤표지에 있습니다.

이 도서의 국립중앙도서관 출판시도서목록(CIP)은
e-CIP홈페이지
(http://www.nl.go.kr/ecip)에서 이용하실 수 있습니다.
(CIP제어번호: CIP2020002129)

정답 ②주머니장어   주머니장어 또는 자루장어라고도 불려요.